AF498164

L'EXPOSITION

DES

TABLEAUX DU ROI

AU LUXEMBOURG

EN 1750

DESCRIPTION INÉDITE DE L'ABBÉ GOUGENOT

PUBLIÉE PAR

JEAN LARAN

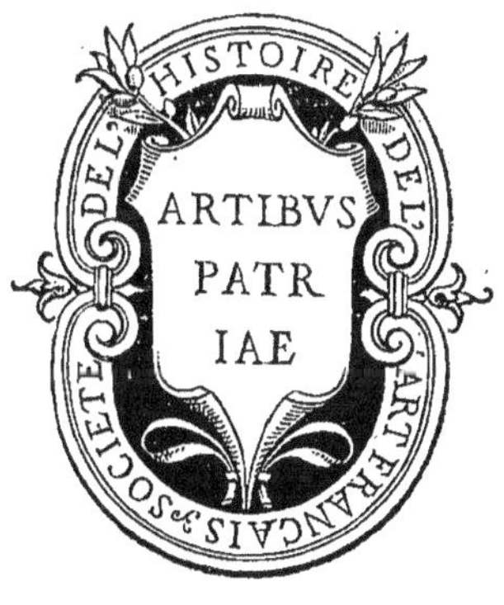

PARIS

(Extrait du *Bulletin de la Société de l'Histoire de l'Art français*,
juillet-septembre 1909.)

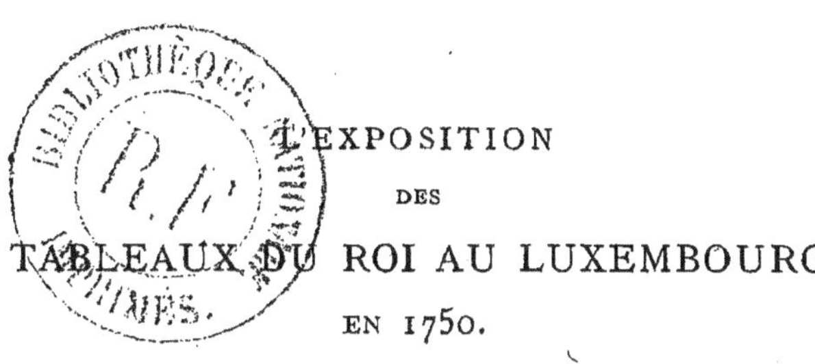

L'EXPOSITION

DES

TABLEAUX DU ROI AU LUXEMBOURG

EN 1750.

DESCRIPTION INÉDITE DE L'ABBÉ GOUGENOT.

A la fin d'un manuscrit du Cabinet des Estampes[1], soigneusement calligraphié, enrichi d'une table des chapitres, d'un index méthodique et d'un index alphabétique, orné d'encadrements, de frises et de culs-de-lampe galamment lavés, revêtu de maroquin rouge, doublé de tabis bleu et doré sur toutes ses tranches, une feuille volante, prise dans la reliure, contient l'aveu suivant :

« Lorsque j'ai composé ce manuscrit, que l'on doit regarder comme un écart de ma jeunesse, je ne prévoïois pas être un jour aussi intimement lié avec ceux dont je critiquois alors les ouvrages. M'ayant fait depuis l'honneur de m'élire de leur Académie au moment que je m'y attendois le moins, et n'ayant cessé de me donner mille marques d'amitié, j'ai été tenté de le jeter au feu. Je n'ai été retenu en cela que parce qu'il contient quelques anecdotes et des recherches que j'ai voulu conserver pour y avoir recour en écrivant sur les Arts. Je prie donc très instament mon frère ou ceux de mes parents dans les mains de qui il tombera de l'ensevelir dans l'oubli et de ne m'en jamais avouer l'auteur. J'ai toujours gardé l'anonime et l'on ne m'a pas soupçonné de l'avoir fait. »

Il semble que la prescription soit suffisamment acquise à ce péché de jeunesse, si humblement avoué, pour que nous puissions sans scrupule révéler le nom du coupable et publier que Louis Gougenot, conseiller au Châtelet,

---

1. Y b 154 —, petit in-fol., 261 p. Le ms. est daté de 1750. Il a été acquis par la Bibliothèque vers 1840.

conseiller au Grand Conseil, abbé de Chézal-Benoist et prieur de Maintenay, associé-libre de l'Académie royale de peinture et sculpture et amateur honoraire de l'Académie de Marseille, avait fait imprimer une critique du Salon[1].

Cette critique, qui remplit une partie de notre manuscrit, n'avait pas à être reproduite ici. C'est la *Lettre sur la Peinture, Sculpture et Architecture à M**** publiée en 1748 et rééditée en 1749. On l'attribue tantôt, avec Mariette, à une société d'amateurs, acceptant ainsi la fiction proposée par l'auteur lui-même, tantôt, à la suite de Barbier, à Baillet de Saint-Jullien, par une confusion facilement explicable[2]. Deux exemplaires de la brochure imprimée, l'un au Cabinet des Estampes, l'autre dans la bibliothèque Duplessis, à la Sorbonne, portent bien au crayon l'indication : *par Gougenot*. Mais cette attribution est celle qui a eu le moins de crédit[3]. Elle est pourtant inattaquable. Notre manuscrit, comme l'attestent l'ex-libris et les armes de la reliure, vient de la bibliothèque de George Gougenot de Croissy, frère cadet de

1. Sur l'abbé Gougenot, 1719-1767, nous avons un *Éloge* de Sallé, avocat au Parlement, de l'Académie de Berlin, publié dans le *Nécrologe des hommes célèbres de France*, t. III (1778), p. 79-109, et réédité dans la *Rev. univ. des Arts*, t. XII, p. 174 et suiv. La même Revue a publié, en 1855, une lettre du chevalier Gougenot des Mousseaux qui contient quelques nouveaux renseignements, t. I, p. 439. M. Rocheblave signale enfin des manuscrits et des papiers de famille d'un grand intérêt possédés par M. le baron de Soucy. Cf. *Rev. de l'Art ancien et moderne*, 1902, t. II, p. 274.

Les traits de l'abbé Gougenot nous sont connus par la gravure de *Dupuis*, d'après le portrait peint par *Greuze* en 1757. Cent exemplaires de cette estampe furent remis par la famille à l'Académie en 1768.

2. Baillet publia sous l'anonyme, en 1748, des *Réflexions* que nous citons plus loin et, deux ans plus tard, une brochure dont le titre est assez voisin du nôtre : *Lettre sur la peinture à un amateur*, Genève, 1750, in-8°, 29 p. et 44 p.

3. Duplessis lui-même, dans le Catalogue de la *Collection Deloynes*, a inscrit la brochure sans proposer aucun nom d'auteur.

l'auteur et son héritier par moitié[1]. Au verso de la page de garde est calligraphiée, en grandes lettres du temps, la mention suivante : *Manuscrit de M. l'abbé Gougenot, conseiller au Grand Conseil.*

Profitons de l'occasion pour utiliser aussi quelques notes marginales de Gougenot sur les autres critiques anonymes imprimées à la même époque ; elles confirment certaines attributions traditionnelles, mais elles permettent de rectifier sur un point la bibliographie assez embrouillée de cette série de brochures. Le n⁰ VII de la liste que nous proposons ci-dessous (*Lettre à M. D****) est donné ordinairement, à la suite de Mariette, à Alexandre Tanevot. Gougenot, que la question intéressait directement, puisqu'il était longuement pris à partie dans cette lettre, l'attribue sans réserve à Coypel. Il semble bien informé. L'auteur de la lettre est évidemment un académicien ; ses idées sont bien celles du *Dialogue de M. Coypel...* paru dans le *Mercure* de novembre 1751, et il fait avec une complaisance particulière l'éloge de *M. Coypel.*

Voici donc, avec les rectifications suggérées par le manuscrit de Gougenot, la liste sommaire des principales critiques anonymes écrites de 1747 à 1749 :

I. *Réflexions sur quelques causes de l'état présent de la peinture en France, avec un examen des principaux ouvrages exposés au Louvre le mois d'août 1746* [par LA FONT DE SAINT-YENNE], la Haye, 1747, in-12 de 159 p. (suivi dans l'exemplaire de la coll. Deloynes d'une lettre

---

1. Voir l'inventaire après décès de l'abbé Gougenot publié par J.-J. Guiffrey, *Nouv. Arch. de l'Art fr.*, 2⁰ série, t. V (1884), p. 404.

George Gougenot, III⁰ du nom, seigneur de Croissy, secrétaire des commandements du prince de Condé, auquel la famille était attachée de vieille date, est l'auteur d'un livre anonyme, *État présent de la Pensylvanie*, 1756, in-12. Il succéda à son frère comme honoraire de l'Académie de Marseille.

Il y fut remplacé à son tour, en 1784, par son fils Louis, syndic de la Compagnie royale des Indes et receveur général de la Régie générale de France, qui fut exécuté en 1794. Cf. G. des Mousseaux, *ouvr. cité*, et *Réunion des Soc. des beaux-arts des départements*, t. VIII, p. 88, et t. IX, p. 146.

de l'auteur, d'une note ms. de Mariette, d'un jugement des Journalistes de Trévoux et d'une lettre de Watelet).

II. *Lettre sur l'exposition des ouvrages de peinture, sculpture, etc., de l'année 1747, et en général sur l'utilité de ces sortes d'expositions, à Monsieur R. D. R....* [par l'abbé LEBLANC], 1747, in-12 de 180 p., avec front. gravé.

III. *Réflexions nouvelles d'un amateur des beaux-arts adressées à M^e de *** pour servir de supplément à la Lettre sur l'Exposition des ouvrages de Peinture, Sculpture, etc., de l'année 1747* [par LIEUDÉ DE SEPMANVILLE], 1747, in-12, 47 p.

IV. *Lettre sur la peinture, sculpture et architecture à M**** [par l'abbé GOUGENOT], 1748, in-12 de 146 p. (Répond aux n^{os} I et II par des études et des commentaires sur la fontaine de Bouchardon, Saint-Louis-du-Louvre, Saint-Sulpice et le Salon de 1748.)

V. *Lettres écrites de Paris à Bruxelles sur le Salon de Peinture de l'année 1748.* Ms. de l'Arsenal, Sciences et arts, n° 214, publié dans *Rev. univ. des Arts*, t. X, p. 432-462 (les lettres, écrites sur un ton alerte et enjoué qui fait penser parfois à Diderot, contiennent un examen assez long de la brochure de Gougenot).

VI. *Observations sur les arts et sur quelques morceaux de peinture et de sculpture exposés au Louvre en 1748* [par SAINT-YVES], in-12 de 211 p. (c'est cet opuscule qui provoqua une violente riposte de Gravelot).

VII. *Lettre à M. D*** sur celles qui ont été publiées récemment concernant la peinture, la sculpture, l'architecture* [par COYPEL], 1748, in-12 de 15 p.

VIII. *Réflexions sur quelques circonstances présentes contenant deux lettres sur l'Exposition des tableaux au Louvre, cette année 1748, à M. le comte de R*** ...* [par BAILLET DE SAINT-JULLIEN], in-12 de 33 p.

IX. *Lettre sur la peinture, la sculpture et l'architecture à M. ***. Seconde édition, revue et augmentée de nouvelles notes et de réflexions sur les tableaux de M. de Troy* [par l'abbé GOUGENOT], Amsterdam, 1749, in-12 de 214 p.

(comme compléments à la 1re édition, l'auteur imprime tout au long le no VII et sa réponse à cette critique).

X. *Lettre écrite de Paris à Madame de R*** sur la cessation du Sallon de Peinture*, Cologne, 1749, in-12 de 47 p. (contient des allusions à la brochure précédente, p. 6-8).

** **

Ce n'est pas par fausse modestie que Gougenot réclamait le silence sur son nom. On sait avec quelle indignation les artistes accueillirent les premières critiques, pourtant bien anodines, publiées à cette époque[1]. Gougenot avait eu beau matelasser d'éloges et de prudentes réserves des observations en général fort mesurées, la susceptibilité de ses victimes n'en fut pas moins piquée à vif. La presque unanimité des critiques même fut contre lui. « Depuis deux ou trois jours, écrivait-on, que ce livre paroist, ce que j'ai le plus entendu louer dans son auteur est de n'y avoir pas mis son nom, car, à quelques réflexions près que chacun approuve, la partialité saute aux yeux, et c'est un déchaînement universel contre lui. Grameriens, philosophes, gens de lettres, peintres, sculpteurs, graveurs, tout l'attaque et trouve prise sur lui[2]. » Mariette se trompait donc deux fois en attribuant la lettre à « une bande de gens désœuvrés de la *quelique* de M. de la Font » qui doivent « brûler d'envie d'être connus ». Si l'auteur eut jamais cette envie, elle dut diminuer de jour en jour. De bonne heure, en effet, nous dit-on, « il eut des liaisons intimes avec les artistes les plus habiles de la capitale, à qui il eut souvent le bonheur d'être utile par ses conseils et ses lumières »[3]. Quand il traversa l'Italie en 1755-1756, en compagnie du jeune Greuze, dont il

1. Lire sur cette querelle relative aux droits de la critique tout le chapitre ix de l'ouvrage de notre confrère M. A. Fontaine, *Les Doctrines d'art en France, de Poussin à Diderot*, Paris, Laurens, 1909, in-8°.

2. *Lettres écrites de Paris à Bruxelles...*, dans *Rev. univ. des Arts*, t. X, p. 442.

3. De Lalande, *Voyage en Italie*, Venise et Paris, 1769, 8 vol., t. I, p. 9.

s'était fait le protecteur, son passage était signalé comme un événement d'importance par Natoire et par l'abbé Barthélemy[1]. A la même époque, enfin, et presque à son insu, l'Académie le recevait au nombre des siens[2]. Parmi ceux de ses nouveaux confrères qu'il remerciait par lettre, puis de vive voix, le 4 février et le 24 juillet 1755, il n'en voyait presque pas un qui n'eût gardé sur le cœur quelqu'une de ses observations anonymes. N'avait-il pas trouvé maniéré et peu savant le dessin de Dumont le Romain, reproché des tons verdâtres à Restout et écrit à propos des *Enfants au Bouc* de Lambert-Sigisbert Adam ces lignes qui firent scandale : « Vous ne vous étonnerez pas si je garde le silence sur le groupe de M. Adam l'aisné, professeur de l'Académie. C'est ce que j'ai cru pouvoir faire de mieux pour l'honneur de l'artiste. » L'honnête Gougenot était d'un naturel aimable, obligeant et un peu timoré. Ne lui prêtons pas des scrupules sur l'anonymat qui ne semblent pas être de son temps : plus il eut de remords, d'une sévérité qui ne paraît toute simple qu'à un homme jeune et isolé, et plus il s'appliqua à enterrer le secret de ses hardiesses passées.

*
* *

Continuons à feuilleter notre manuscrit, dont l'avertis-

1. *Correspondance des directeurs de Rome*, t. XI, p. 119, 121, 136, 138 et 174. De son voyage, Gougenot rapporta des notes très étendues pour un ouvrage qu'il se proposait de publier. Ces notes furent prêtées après sa mort à de Lalande, qui les utilisa dans le *Voyage* cité à la note précédente. Le manuscrit de Gougenot est resté dans la possession de ses descendants.

2. Gougenot devint en quelque sorte le conseiller juridique de l'Académie, qui eut à se louer à plusieurs reprises de sa sagesse et de son obligeance. Voir *Procès-verbaux*, t. VII, p. 96; et les lettres de Cochin à Marigny publiées dans les *Nouv. Arch. de l'Art fr.*, 1903, p. 369, et 1904, p. 79, 87, 94 et 125. Il fut aussi l'auteur de notices biographiques très consciencieuses qu'il lut à l'Académie en 1761 et 1767 et qui y furent relues après sa mort en 1772 : *Les Vies d'Oudry*, de *Du Vivier*, de *Le Lorrain* et de *Galloche* ont été éditées dans les *Mém. inédits*. La *Vie de Coustou* a été publiée récemment par M. le baron Portalis dans les *Mélanges de la Société des Bibliophiles français*, 1903, 1re partie, 20 p. in-8°.

sement nous dira de prime abord la nature. Ce n'est pas, comme l'ont cru la plupart de ceux qui l'ont eu entre les mains, le texte original non plus qu'une simple copie de la brochure imprimée. L'abbé Gougenot, qui avait subi quelques observations, assez justifiées, sur les négligences de son style, avait tout d'abord éprouvé le besoin de repolir son ouvrage. Les 161 premières pages de son manuscrit sont une sorte d'édition définitive, revue et augmentée, destinée à son usage personnel, de la *Lettre* de 1749.

L'auteur a donc modifié quelques tournures, adouci quelques épithètes, défini quelques termes techniques, emprunté à de Piles ou d'Argenville quelques dates, quelques noms propres et quelques anecdotes, modifié l'ordre de quelques paragraphes. Les changements sont de pure forme ou sans grande importance. Parmi les additions de quelque intérêt, on ne pourrait guère relever que les deux notes suivantes :

La première concerne les tableaux que de Troy avait envoyés de Rome en 1748 et qui ne furent pas compris tout d'abord dans l'Exposition :

Ces tableaux étoient arrivés à Paris. L'on prétend que M. *Coypel*, pour faire oublier M. *de Troy* et dans le dessein de substituer à sa place de directeur de l'Académie de Rome, M. Dumont, avoit contribué à ce qu'ils ne fussent pas exposés. Mais, peu de jours après que cette critique [la lettre de l'abbé G.] eût paru, M. de Tournehem voulut qu'on les rendît public[s] (fol. 118).

L'autre note concerne le *Mercure* et la *Vénus* de Pigalle exposés en 1748 :

Sa Majesté en a fait présent au Roy de Prusse. Mais auparavant on les a transporté[s] à la Meute où Elle les a vu[s] le 19 janvier 1749. M. *Pigalle* y étoit présent, elle lui témoigna qu'Elle en étoit extrémement satisfaite. J'ay apris depuis qu'à peine le Mercure a-t-il été placé dans le jardin du palais Sans-Souci que le Roy de Prusse a deffendu qu'on y entrât avec cannes ou épées (fol. 110).

Le seul chapitre sensiblement remanié est l'exposé des projets de réformes capables de concourir au Progrès des arts (fol. 65 à 75). Dans l'édition de 1748, Gougenot avait mis en première ligne l'excellente idée d'admettre les ouvriers d'art aux expositions, ou tout au moins dans l'antichambre des expositions, à titre de *protégés de l'Académie*. Ce projet intelligent passe au dernier plan dans le manuscrit de 1750. Les autres articles se succèdent dans l'ordre suivant : établir des relations plus suivies entre peintres et architectes ; fonder des cours spéciaux d'architecture et de perspective à l'usage des peintres ; fonder un cours d'anatomie ; exposer les plâtres des commandes du Roi avant l'exécution définitive ; organiser des expositions de dessins ; fonder une école de coloris à Venise ou à Bologne ; réformer l'École des élèves protégés ; enfin (vœu renouvelé de Lafont de Saint-Yenne) ouvrir au public les collections de peinture de la couronne et la galerie des *Rubens*.

Dès 1750, Gougenot eut la satisfaction de voir ce dernier vœu accompli, et c'est précisément ce qui nous vaut, dans les 75 dernières pages de son manuscrit, le chapitre nouveau que nous publions ici sur le Luxembourg, l'Exposition des tableaux du Roi et les *Rubens* de Marie de Médicis.

Ce n'est pas dans ce recueil qu'il est nécessaire de rappeler ce que fut cette exposition, sorte de manifestation première de nos Musées nationaux. Le texte de l'abbé Gougenot se passe d'ailleurs de commentaires, et on s'est contenté de renvoyer, chemin faisant, au livret de l'exposition (édition de 1750) et d'indiquer autant que possible le sort actuel de chaque tableau. Cette annotation a été presque toujours rendue des plus faciles par le précieux *Inventaire des tableaux du Roi* de M. F. Engerand.

Parmi les écrits provoqués par l'exposition, deux brochures en particulier ont paru pouvoir fournir quelques rapprochements utiles : *Lettre de M. le chevalier de Tincourt à Madame la marquise de *** sur les tableaux et desseins du Cabinet du Roi...*, Paris, Mérigot, 1751, in-12 de 104 p. ; et *Lettre sur les tableaux tirés du Cabinet du Roy...*, Paris, Prault, 1751, in-12 de 59 p. On a cru devoir en placer quelques passages en regard de notre description.

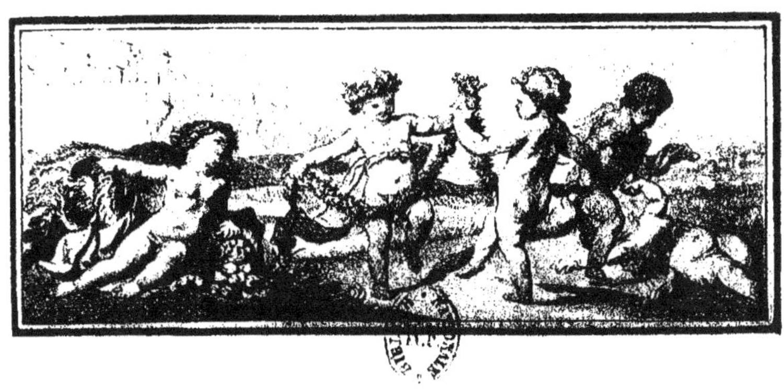

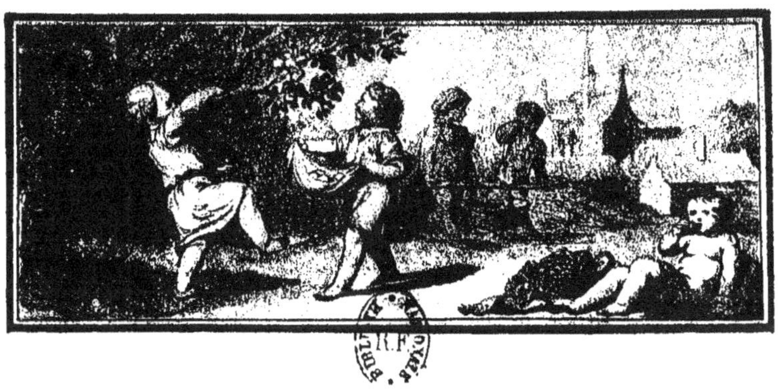

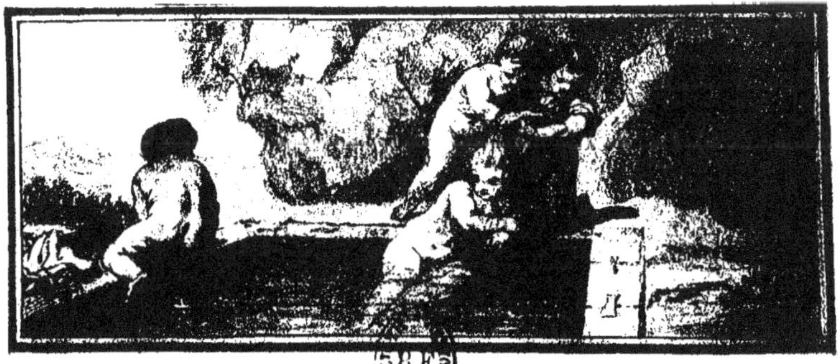

Têtes-de-pages
du manuscrit de l'abbé Gougenot
(Cabinet des Estampes, Yb 154).

Il ne reste donc qu'à exposer en quelques mots le principe d'après lequel on a coupé ou conservé le texte de notre auteur. On a supprimé sans regret presque toutes les descriptions proprement dites du palais et des tableaux, ainsi que les dates et notes biographiques, les indications bibliographiques, les définitions de termes techniques. L'abbé Gougenot, à cette époque tout au moins, ne fait pas montre d'une érudition très étendue, et il utilise les ouvrages que tout le monde avait alors sous la main.

Nous avons au contraire intégralement reproduit toutes les appréciations esthétiques. La critique de l'auteur est parfois monotone et presque toujours mesquine, mais des qualités assez rares feront peut-être excuser ces défauts. Peu d'écrivains de son temps, en ces sortes de matières, sacrifient moins que lui au brillant et à l'esprit. Il évite presque partout le remplissage littéraire et étudie les œuvres, figure par figure et morceau par morceau, avec ce sérieux et cette méthode qui avaient fait de lui le rapporteur le plus scrupuleux et le plus recherché du Châtelet. A l'aide de nombreux exemples particuliers, pour la plupart connus de tous, il peut nous fournir l'occasion de préciser le sens de quelques principes et de quelques termes généraux alors en circulation et dont l'interprétation n'est pas toujours aisée aujourd'hui.

Il a d'ailleurs quelque qualité pour porter des jugements et il se pique de parler en homme qui a pratiqué lui-même quelques secrets du métier. Dès son jeune âge, nous dit-on, il s'était « appliqué à la culture des beaux-arts » et il avait « poussé le dessin aussi loin qu'on peut le faire quand on ne veut point être artiste de profession ». Si l'on pouvait lui attribuer les charmantes têtes-de-pages qui ornent son manuscrit et dont quelques-unes sont reproduites ici, ces éloges de ses biographes ne nous paraîtraient pas exagérés. Nous savons d'ailleurs que les artistes recherchèrent volontiers ses avis, surtout sans doute lorsque l'expérience lui eut appris avec quelles précautions il convenait de les formuler[1]. Pour certaines

---

1. Sur ses relations avec Pigalle et son influence possible sur lui, voir, outre les biographes cités, la *Rev. univ. des Arts*, t. I,

Parties de la Peinture, en particulier, comme l'Allégorie et la Mythologie, il n'y avait pas de conseiller plus réputé que lui.

Nous pouvons donc lui donner la parole comme à un des visiteurs les plus attentifs de l'exposition, au connaisseur le plus appliqué à ne pas commettre d'injustices. C'est avec une bonne foi imperturbable qu'il corrige les *Carnations* et les *Contours* du Corrège, le *Goût* de Rembrandt, la *Couleur locale*, la *Perspective aérienne* et les *Racourcis* de Rubens, le *Dessein* et la *Composition* de tous les maîtres. Comment mesurer la place avec parcimonie à un homme suffisamment pénétré de l'utilité de sa mission pour écrire dans un de ses ouvrages : « Il n'a manqué à *Rubens* qu'un critique contemporain pour le rendre un peintre accompli dans toutes les parties de son art! »

DESCRIPTION

DU PALAIS DORLÉANS OU DU LUXEMBOURG.

Batiment.

. . . .

..... Ce Palais est un des plus beaux et des plus réguliers que l'on connoisse en Europe. Sa façade sur la rue est très estimée et singulièrement son pavillon du milieu, dont on ne sçauroit assez admirer le bon goût et l'élégance.

Mais on trouve que le bâtiment est au total un peu lourd; que la multiplicité de ses bossages et refans ne laisse aucun repos à la vue; qu'il auroit mieux vallu qu'ils eussent simplement servi de fond aux colonnes et aux pillastres, que l'on auroit alors laissés

p. 128; l'article de J.-J. Marquet de Vasselot, *Quelques œuvres inédites de Pigalle*, dans *Gazette des beaux-arts*, 1896, t. II, p. 104, et l'article de Rocheblave, *Jean-Baptiste Pigalle et son art*, dans *Rev. de l'Art ancien et moderne*, 1902, t. II, p. 274.

à nuds; que les arcades des portiques sont trop élevées pour leur largeur; que la petite terrasse qui est devant le corps de logis est incommode en ce qu'elle empêche d'y arriver à couvert dans les mauvais tems; que son grand escalier est obscur et massif; enfin que sa chapelle masque le centre de la façade sur le parterre.

JARDIN.

Le Jardin est presque tout sur carières; il s'étend à la droite des bâtiments et par cette raison n'est pas disposé avantageusement pour l'aspect du Palais. Mais, en récompense, il est très vaste, d'un champêtre admirable, et l'on y respire le meilleur air de Paris[1].

Son Parterre est composé de plusieurs tapis de gazon environnés de plates-bandes. C'est un quarré terminé par un fer à cheval. On voit au milieu un bassin entretenu par un jet d'eau sortant de la gueulle d'un poisson dans laquelle un Triton plonge son bras. Ce groupe est de bronze; la pensée n'en est pas mauvaise, mais il ôte au jet une grande partie de sa hauteur. Le Parterre est enceint de deux petites Terrasses, l'une sur l'autre, revêtues de pieres de tailles. On a creusé de distance en distance dans les tablettes de la première des cuvettes de nulle utilité. Le commencement de la seconde Terrasse est revêtu d'une belle balustrade de marbre blanc.

Le surplus du Jardin est formé de bosquets et de diverses plouses plantées en quinconges; ils sont

---

1. Peu de temps auparavant (1725), Germain Brice écrivait : « Le Jardin du Luxembourg étoit autrefois d'une très grande beauté, rempli de charmilles, de bosquets et d'allées couvertes; mais les rudes hivers l'aïant ruiné, il a été longtemps fort négligé; cependant on a commencé à le rétablir en y plantant de nouveaux arbres et en dressant des allées nouvelles, qui n'ont pas encore toute la beauté que l'on pourroit désirer. »

divisés dans toute leur longueur par trois grandes allées accompagnées de contre-allées. Celle du milieu aboutit à un Boulingrin enfoncé en terre : on le nomme le *Grand Rond*. C'est le rendez-vous des enfans les jours de festes. Les jeux auxquels ils s'amusent et la multitude des spectateurs assis autour de son enceinte forment un coup d'œil des plus pittoresques. Il faut s'imaginer jouir d'un beau plafond renversé dont les groupes ne cessent de se varier et présentent à tout instant de belles dispositions.

Indépendamment de ces trois grandes allées, il y en a une quatrième qui fait le tour du Jardin en suivant exactement les murs. Elle change de nom selon les différents endroits où elle passe. On l'apelle *allée des Chartreux* dans la partie qui avoisine leur clos, *allée du fond* dans celle qui est vis-à-vis le Grand Rond, et *allée des Carmes* depuis la porte en face de leur couvent jusqu'au Palais du Luxembourg. Cette dernière est la mieux abritée et la plus fréquentée. Son point de vue se termine par une belle grotte rustique du dessein de La Brosse représentant une *Congellation*. Ce morceau a quatre colonnes d'ordre toscan avec deux niches dans les entrecolonnemens. Un Fleuve et une Nayade posés aux deux extrémités de l'entablement accompagnent son attique, qui renferme les armes de Marie de Médicis.

L'architecture en est autant estimée que l'on fait peu de cas des deux figures qui s'y trouvent. On auroit néanmoins désiré que ses colomnes n'eussent point été interrompues et qu'il y eût quelques marches pour y arriver ; cette augmentation sur la masse générale auroit rendu l'attique plus léger.

Après avoir parcouru les beautés extérieures du Palais du Luxembourg, rentrons maintenant dans les dedans . . . .

. . . .

Chapelle.

L'intérieur de la Chapelle[1] est revêtue de pilastres d'ordre corintien surmonté d'un attique percé de trois œils de bœuf. On voit dans ses niches quatre vertues de Bertelot d'un très beau marbre. Elles représentent *la Piété*, *la Vigilence*, *le Silence* et *la Force*.

Le stile de ces figures est assez bon tant pour la composition que pour les draperies, il y a même de jolies intentions dans les deux premières; mais elles sont touttes quatre lourdes, leur nud est d'un caractère de dessein rond, et l'on n'y trouve point de formes.

Réflexions sommaires

Sur les principaux tableaux exposés le 14 octobre 1750 dans l'Appartement qu'occupoit la feu Reine D'Espagne, accompagnées d'observations généralles sur les manières de peindre de leurs auteurs et sur quelques particularités de leurs vies.

La collection des tableaux du Roy fut commencée par François Ier, dont le règne a été le germe des beaux arts en France, et elle a été augmentée sous Louis XIV, par les soins de M. Colbert, d'une manière à répondre à la magnificence de ce monarque. Elle se monte présentement à 1,800 morceaux tant des maîtres étrangers que de ceux de notre école[2]. De ce nombre, M. de Tournehem en vient de faire exposer 96. Nous avons lieu d'espérer qu'il nous les fera passer successivement en revue, du moins ceux qui peuvent être facilement transportés. L'apartement où ils sont distribués consiste dans un cabinet, une

---

1. On sait qu'elle occupait le pavillon central de la grande façade sur le jardin.

2. C'est aussi le chiffre donné par Lépicié (1752).

petite gallerie, la salle du Thrône, et une grande gallerie[1]. Je ne suivrai point l'ordre dans lequel ils sont placés, me proposant de les discuter suivant les différentes écoles[2]. Affin que ceux qui les iront voir pour la première fois les trouvent plus facilement, je rappellerai à chaque tableau le numéro qu'il a dans le catalogue imprimé que l'on vend à la porte[3].

ÉCOLE ROMAINE.

— LÉONARD DE VINCI, comme le plus ancien, se présente le premier. Mais sa *Sainte famille*[4] est moins capable de nous donner de luy une idée juste que la grande réputation qu'il avoit parmi les siens, l'estime universelle que luy ont attiré ses écrits et la protection singulière dont l'avoit honoré François Ier.

1. L'exposition avait lieu dans les appartements autrefois aménagés en 1733-1736 pour la fille du régent, Louise-Élisabeth, veuve de Louis Ier d'Espagne. On entrait par la porte principale de la rue de Vaugirard ; on tournait à main gauche sous l'arcade pour se rendre à l'aile orientale du palais. On sait que les *Rubens* occupaient au contraire l'aile occidentale, c'est-à-dire toute la galerie du premier étage prenant jour à la fois sur la grande cour et sur le Petit-Luxembourg.

2. Dans sa classification en écoles, Gougenot se conforme aux indications du Catalogue. C'est ainsi qu'il fait de Vinci un Romain et de Rembrandt et Wouwerman des Flamands.

3. C'est la seule partie de l'annotation de l'auteur que nous ayons conservée, en la rectifiant au besoin. Les numéros renvoient à la première édition : *Catalogue des tableaux du Cabinet du Roy au Luxembourg*, Paris, imprimerie de Prault, 1750, in-12 de 47 p. Ce livret, rédigé par les soins de Jacques Bailly, dut être rapidement réimprimé. Dès 1751, il en était à la 3e édition. On le renouvela dans la suite à plusieurs reprises (1762, 1766,...) avec de légères modifications.

4. Exp., n° 86. — Actuellement au Louvre, n° 1604 : *la Vierge aux balances, École de L. de Vinci*. Un contemporain écrit aussi : « La *Sainte-Famille* qu'on attribue à *Léonard de Vinci* ne satisferoit en aucune manière votre goût relativement au dessin et au coloris. » *Lettre sur les tableaux...*, p. 11.

— Pour la première fois que j'ay occasion de parler de Raphaël, j'aurois souhaité que ce fût avec la distinction que lui a mérité[e] le haut rang qu'il tient dans la peinture. Ce grand homme, dont le nom seul est un éloge, ne brille, dans notre collection, que par le portrait du *Pape Adrien VI*[1].

Sa *Vierge avec l'enfant Jésus et saint Jean*[2] sont bien groupés et ont de beaux caractères, mais ils se ressentent de la manière sèche de *Pietre Perugin*, son maître.

Pour ses petits tableaux, rien ne peut excuser de les avoir exposé*es*. Si l'on blâme dans la littérature les personnes qui, pour montrer l'estime qu'elles font de quelques auteurs, ramassent jusqu'aux pièces qu'ils désavoueroient eux-mêmes, pourquoi ne penseroit-on pas de même à l'égard des arts[3] ?

— On voit dans la grande gallerie un tableau du Féty représentant *Ève* qui file, accompagnée de ses enfans, et dans le lointain *Adam* conduisant la charue[4]. Le peintre n'a point pensé, par là, nous figurer les délices du premier âge, ainsi que l'a cru l'auteur du catalogue. Il a voulu au contraire nous retracer les premières fatigues de l'homme condamné au travail. Ce morceau, sans être un des plus estimé[s] *du Féty*, n'en a pas moins de beautés. Tout y retrace la

1. Exp., s. n. Cette attribution est justement critiquée par Lépicié qui attribue ce portrait à *Sébastien del Piombo*.

2. Exp., n° 96. — Au Louvre, n° 1496 : *la Belle Jardinière*.

3. Exp., n°ˢ 79 et 83. — Au Louvre, n°ˢ 1502 et 1503 : *Saint Michel terrassant le Démon* et *Saint Georges sur un cheval blanc*. « ... Le coloris de ces deux tableaux, écrit-on d'autre part, est vraisemblablement ce que vous trouveriez de moins mauvais... Que ce goût gothique avoit étendu lors sa barbarie, puisque tous les ouvrages des peintres d'Italie s'en sentoient encore vers la fin du xvᵉ siècle ! » *Lettre du chevalier de Tincourt...*, p. 90-91.

4. Exp., n° 80. — Au Louvre, n° 1287 : *la Vie champêtre*.

misère qui a été la première peine du péché. On trouve cependant qu'il auroit pu l'exprimer sans donner un air ignoble à Ève. Pour son dessein, il est un peu lourd quoiqu'il conserve un caractère de vérité, et sa couleur locale est bonne et bien empastée.

— On est toujours fâché lorsque les peintres se prettent à des idées monachales. Le *Mariage de sainte Catherine* avec notre Seigneur est de ce nombre[1]. Mais PIETRE DE CORTONE, par le pinceau agréable avec lequel il l'a traité, fait bientôt oublier le ridicule du sujet.

ÉCOLE FLORENTINE.

— On a exposé sur un chevalet un excellent tableau d'ANDRÉ DEL SARTE représentant une *Charité*[2]. Les attitudes des enfans quelle alaite sont très naturelles. Tout indique dans cet ouvrage une si grande manière tant pour le dessein que pour la couleur, que s'il étoit permis aux peintres d'en adopter une, il seroit à désirer que ce fût celle-là et qu'ils contractassent l'habitude de voir la nature avec les mêmes yeux que ce maître.

Ce tableau étoit cy-devant sur bois, et en danger de périr de vétusté. Il est présentement mis sur toile. On a fait ce changement avec tant de dextérité qu'il est impossible de s'en apercevoir. Le sr Picaut[3] a trouvé depuis peu ce beau secret. Il enlève également les peintures de dessus les murs. Son premier essai a été sur un Plafond de Choisy-le-Roy peint par feu

1. Exp., n° 77. — Au Louvre, n° 1164 : *la Vierge, l'Enfant Jésus et sainte Martine.*

2. Exp., P. — Au Louvre, n° 1514.

3. Sur l'enthousiasme qu'excita lors le « beau secret » du fameux Picault, voir notamment une Lettre ms. conservée dans la *Collection Deloynes*, t. LII, fol. 96-97; *Rev. univ. des Arts*, t. X, p. 36, et Engerand, *Inventaire des tableaux du Roy*, t. I, p. XXII-XXV.

Antoine Coypel. Nulle découverte ne pouvoit être plus utile aux Arts. Par ce moyen, on pourra faire passer de siècle en siècle leur[s] plus rares productions, au moment même qu'on sera sur le point de les perdre.

École vénitienne.

— Ce seroit icy la place de parler du Titien, qui, par l'habileté avec laquelle il a varié ses teintes sans les fatiguer, a été un des premiers à perfectionner la couleur locale et par ce moyen a passé pour un des coloristes le plus mâle et le plus délicat. Mais je me suis fait une si grande idée de ses talans, sur les descriptions de ses ouvrages et sur quelques morceaux que j'ay vu[s] de luy, que je craindrois de l'affoiblir en parlant de ceux qu'il a dans cette exposition[1]. D'ailleurs, il y a tout lieu de croire que partie de ces tableaux ont été repeints.

J'en excepte cependant le beau portrait du *Cardinal de Médicis*, où la main de ce grand maître se reconnoît par tout[2].

— Dans les deux tableaux du Bassan, dont l'un représente *Notre-Seigneur que l'on met au Tombeau* et l'autre une *Vendange*[3], on remarque de beaux

1. Exp., nos 5, 23, 60 et 81 : *Jupiter et Antiope* (au Louvre, n° 1587), *Saint Gérôme* (Louvre, n° 1585), *la Vierge, l'Enfant Jésus, Sainte Agnès et Saint Jean* (Louvre, n° 1579), *la Vierge au lapin blanc* (Louvre, n° 1578). Au sujet de cette dernière toile, on disait aussi : « Elle sert là à augmenter le nombre des tableaux, sans entrer en rang avec les bons ouvrages de cette espèce. » *Lettre du chevalier de Tincourt...*, p. 89.

2. Exp., s. n. — A figuré au Louvre (n° 478 de Villot) comme copie d'après *Titien*.

3. Exp., nos 13 et 21. — Au Louvre, nos 1427 et 1428. Le reproche de naturalisme adressé au *Bassan* était, paraît-il, de rigueur : « Auriez-vous pensé, Madame, que ce peintre, qui ne s'élevoit presque jamais au-dessus de la nature qu'il avoit sous ses yeux, eût pu réussir dans des sujets où il faut sçavoir des-

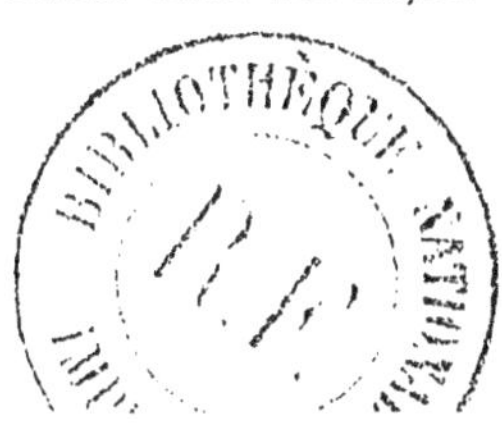

caractères de tête, une belle intelligence de clair obscur, un pinceau ferme et pâteux, et ces touches brillantes qui donnent tant d'éclat à ses ouvrages. Son dessein fait penser qu'il étoit plutôt entraîné par la nature, dont il ne sçavoit pas toujours faire un beau choix, que guidé par une science certaine.

— De grandes ordonnances, d'heureux tours dans les figures, une manière de draper large, avec des étoffes riches et un beau coloris ont toujours été la marque distinctive des ouvrages de Paul Veronèse.

Ceux que nous avons ici de luy ne se reconnoissent pas tous à ces caractères. On les trouvera plutôt au Palais de Versailles, dont l'intérieur est décoré de plusieurs de ses plus beaux Tableaux[1].

Cela ne nous empesche point de regarder comme une bonne chose le *Crucifiment de nôtre Seigneur au milieu des deux Larrons*, et de trouver quelques beautés dans son tableau représentant la *Vierge tenant un Enfant Jésus* au milieu de saint George et de sainte Catherine avec un Bénédictin à genoux[2].

École de Lombardie.

Les tableaux du Guide se distinguent singulièrement par la délicatesse avec laquelle il a rendu ses pensées, la finesse et la douceur de ses expressions, et par certains tours gratieux qui se rencontrent dans presque toutes ses productions.

siner le nud et l'accommoder au mode qu'on s'est proposé ? » *Lettre du chevalier de Tincourt...*, p. 29-30.

1. L'inventaire de Bailly énumère, en effet, vingt-trois *Véronèse* à Versailles. La sévérité de Gougenot pour les nᵒˢ 9, 18 et 86 de l'Exposition ne sera pas trop critiquée : *le Martyre de saint Marc* a été envoyé par l'État au Musée de Lille en 1801 ; *le Moïse sauvé des eaux* et *l'Adoration des Rois* ont été envoyés au Musée de Lyon en 1803.

2. Exp., s. n. et nᵒ 87. — Au Louvre, nᵒˢ 1195 et 1190.

Ceux qui ont attiré le plus les regards du public sont sa *Fuite en Égypte*, une *Sainte famille* en petit et surtout sa *Charité romaine*[1].

Il est plus séduisant que correct dans son dessein. Ses carnations ne seroient que plus aimables si elles ne tiroient pas quelquefois sur le gris.

— Je ne puis m'empêcher d'insister sur les ouvrages de L'ALBANE et singulièrement sur les beaux airs de têtes des Anges de la Gloire du *Batême de Notre Seigneur*[2].

Quelques amateurs n'ont pas moins été affectés d'un petit sujet représentant *Caune et Biblis*[3]. Cette dernière, éprise pour son frère d'un amour incestueux, ne cesse de l'admirer au bord d'une onde pure où il alloit se baigner. La fable raporte qu'elle pleura tant de n'avoir pu le rendre sensible à ses feux qu'elle fut changée en fontaine.

Les vrais connoisseurs ont prétendu que le grand fini de ce tableau le rendoit froid et que des tons d'émail déprisoient son païsage. Mais en convenant avec eux de ces deffauts, quelle satisfaction n'a-t-on pas à regarder les caractères fins des figures de Caune et de Biblis ? Ne nous disent-elles pas que l'*Albane* épuisoit les grâces de la nature pour embellir ses productions ?

— Nous possédons un assez beau *Concert* du DOMINIQUAIN[4]. Pour ses deux autres morceaux d'histoire, quoique en général fort éloignés de la perfection, ils contiennent des beautés de détails si saillantes qu'elles

---

1. Exp., n°ˢ 92, 78 et 33. — *La Fuite en Égypte* est à Bruxelles, où l'État l'a envoyée en 1803; *la Sainte-Famille* est au Louvre, n° 324 de Villot; *la Charité romaine* a été envoyée au Musée de Marseille en 1802.

2. Exp., n° 71. — Envoi de l'État au Musée de Lyon en 1803.

3. Exp., n° 64. — Au Louvre jusqu'en 1874 (n° 19 de Villot); actuellement au Musée de Saint-Quentin.

4. Exp., n° 70. — Au Louvre, n° 1538 (attribué à *Spada*).

font oublier l'aridité, le froid et les autres deffauts
qui se trouvent dans le surplus de leur composition.
En effet, quels éloges ne doit-on pas prodiguer aux
deux petits Amours qui folâtrent dans le tableau
représentant *Armide entre les bras de Renaud*[1]. Ordinairement, les enfans font tout ce qu'ils voient faire,
icy, ils semblent anticiper sur le bonheur des deux
amans et leur indiquer par un innocent badinage
quel doit être le prix de leur persévérance. Mais
autant cette saillie ingénieuse répand de gaïeté dans
le sujet, autant le groupe du soldat qui conduit deux
enfans dans le tableau de *Timoclée*[2] excite-t-il notre
compassion. Les caractères de ces figures sont si
expressifs, le dessein en est d'un si bon goût et rendu
avec tant de pureté qu'on ne peut assez regretter de
ce que le *Dominiquain* n'ait pas répandu le même
esprit dans tout cet ouvrage . . . .

— On voit dans la première chambre un beau morceau de Lanfranc représentant *Jésus-Christ, dans une
gloire, couronnant la Vierge*. Et au bas du tableau
saint Ambroise et saint Augustin[3].

Les deux pères de l'Église sont parfaitement rendus. La Vierge est dans une heureuse disposition. On
n'en peut pas dire autant du Christ. Ces deux figures
ne participent point assez de l'air, ce qui fait qu'elles
sortent de leur plan.

Lanfranc étoit élève d'*Annibal Carache*. Son goût
de dessein étoit grand et ferme. Sa facilité l'a souvent
rendu incorrect. De plus, on a remarqué qu'il n'a pas
connu tout l'artifice du clair obscur, de sorte que
s'il l'a quelquefois rencontré, ç'a été plutôt par un
bon mouvement et par ce que la nature luy a inspiré
que par la certitude des Principes.

1. Exp., n° 87. — Au Louvre, n° 1617.
2. Exp., n° 76. — Au Louvre, n° 1615.
3. Exp., n° 2. — Au Louvre, n° 1339.

— Nous n'avons qu'un seul tableau du CORRÈGE, qui nous fait regretter de n'en pas posséder un plus grand nombre. Il représente *Antiope* endormie et *Jupiter* venant la visiter sous la figure d'un Satire.

Antiope et l'*Amour* qui sommeille auprès d'elle sont posés à la vérité d'une manière assez singulière ; mais que de beautés ne découvre-t-on pas dans cet ouvrage ? Les maîtres n'ont-ils pas lieu de s'étonner que, sans le secours des oppositions, le peintre ait si bien réussi à donner autant de relief à une figure que l'air prend de toutes parts ? Nous l'admirerions cependant davantage s'il y avoit une différence plus sensible entre les carnations d'*Antiope* et celle de l'*Amour* et sur tout si ce dernier n'étoit pas dessiné avec tant d'incorrection[1].

1. Exp., n° 74. — Au Louvre, n° 118.

« Vous pouvez vous souvenir, Madame, écrit-on dans les mêmes circonstances, que le même sujet se voit dans la première pièce ; il est fort bien traité par le *Titien*. Celui-ci, Madame, est de la main du *Corrège*. Le nom de ce peintre est fameux dans le monde pittoresque : on voit des amateurs sans connoissance ou des demi-connoisseurs applaudir des tableaux uniquement parce qu'on les soupçonne d'être de ce grand peintre. Je sçais, Madame, que vous ne vous laissez point séduire par la prévention…; avec cette disposition, je suis presque sûr que vous trouveriez peu d'esprit dans la scène du tableau dont il s'agit. L'attitude de la nymphe vous paroîtroit sûrement désagréable, peut-être même bizarre. Je vous ai toujours oüi-dire que le corps d'une femme endormie étoit d'autant plus gracieux que sa situation étoit plus simple et plus naturelle. Le *Corrège* a rendu celle de son *Antiope* gênée et raccourcie ; jugez, Madame, du coup d'œil désagréable qui en peut résulter. Celle du satyre est froide, sans aucun signe d'émotion, de curiosité ou d'amour. Celle de l'enfant vous paroîtroit entièrement déplacée. Quoi donc ! diriez-vous, l'Amour doit-il dormir quand il joue si bien son rôle ? Vous la trouveriez encore d'une incorrection considérable. La méthode cependant de ce peintre de rendre la lumière large et presque également diffuse et de lui opposer des fonds de demi-teintes rendent son tableau en quelque manière imposant : les objets

Le *Corrège* n'a jamais passé pour exact dans ses contours. On dit qu'il s'embarassoit peu d'arrester ses desseins et que, rempli de son sujet, il le peignoit avec l'enthousiasme d'un homme qui produit sur-le-champ. Ceux même qui se sont récrié[s] sur ses deffauts ont été les premiers séduits des grâces et du moileux de son pinceau.

.   .   .   .

La renommée du Mole étoit si grande en Italie que Louis XIV, qui ne négligeoit rien pour s'attacher les gens à talens, lui fit proposer de passer en France. Mais la mort le surprit comme il se disposoit à partir.

Des trois tableaux que nous avons, il n'y en a que deux qui répondent à la haute idée que l'on a de lui; l'un est un *Saint Bruno dans le désert*[1]; l'autre représente *Herminie*, princesse d'Antioche, visitant les blessures de *Tancrède* soutenu par Vafrin, son écuyer[2]. Rien n'approche de la légèreté avec laquelle elle les touche; tout exprime son empressement à le secourir. Ces deux ouvrages justifient la réputation qu'avoit le Mole d'être bon dessinateur et bon coloriste, quoique tombant un peu dans le noir.

ÉCOLE HOLLANDAISE.

Berchem est un des paysagistes dont le tac a été le plus juste pour saisir les bons effets de la nature. Ses deux petits morceaux, dans l'un desquels on voit une

ont beaucoup de rondeur et de saillie et peuvent charmer ceux qui jugent d'un tableau par l'effet. Vous ne laissez point ainsi, Madame, suspendre votre jugement et vous ne confondez jamais l'accessoire avec le principal. Le coloris de ce tableau achève l'illusion, il est pur, vif et éclatant en quelques parties; il pourroit cependant être encore plus tendre et plus gracieux... » *Lettre du chevalier de Tincourt*, p. 70-72.

1. Exp., n° 32. — Au Louvre, n° 1392.

2. Exp., n° 89. — Au Palais de l'Élysée depuis 1875.

Vilageoise sortant du bain, et dans l'autre une *Ber-
gère qui file*, en sont un exemple sensible[1].

Les sites en sont bien choisis. On y observe, dans
le peu d'arbres qui s'y trouvent, un beau feuillé, partout une touche spirituelle et des animaux de toute
vérité.

J'ai toujours remarqué dans les tableaux de païsage
une plus grande intelligence de clair obscur que
dans ceux d'histoire. Cela provient sans doute de ce
que les peintres qui ont adopté ce talent ne nous ont
rien donné de parfait qu'ils ne l'aïent puisé dans la
nature et que c'est elle qui leur en a découvert la
magie sans qu'il ayent été obligé[s] d'y supléer d'imagination. De là naist la conséquence que les peintres
d'histoire s'épargneroient bien des peines dans cette
étude s'ils la faisoient d'après nature, de même que
celle des autres parties de leur art.

ÉCOLE FLAMANDE.

— Les tableaux de Wowermans ne sont pas mar-
qués au même coin que ceux de *Berchem* ; ils ne font
cependant pas moins de plaisir par leur belle composition et leur singulier effet. Peut-on rien de plus
piquant que le percé de celui où l'on voit une *Écurie*
entièrement dans la demi-teinte[2] ?

— Je passe à celui de Rubens représentant une
Vierge dans une gloire[3]. La variété des attitudes et
des mouvemens de la multitude d'anges qui l'envi-
ronnent suffisoit pour prouver la fécondité du génie

1. Exp., n°ˢ 67 et 68. — Ce sont vraisemblablement les
n°ˢ 2316 et 2319 du Louvre (*l'Abreuvoir*, *Paysage et animaux*).
Non signalés dans l'*Inventaire* de Bailly, ils ont dû être acquis
dans le second quart du xviii° siècle.

2. Exp., n° 66. — Au Louvre, n° 2627. Non signalé par
Bailly. Provient du Cabinet du prince de Carignan.

3. Exp., n° 61. — Au Louvre, n° 2078.

de ce peintre. Les carnations, pour en être trop
vives, n'en contiennent pas moins les meilleurs principes de la couleur, et son dessein, quoique chargé,
a cependant un caractère de vérité. La Vierge n'est
pas ce qu'il a le mieux traité, et le tout ensemble de
sa composition est bizare. On prétend que ce sujet
est un songe de Marie de Médicis ; en effet, la Vierge
lui ressemble.

Un autre tableau du même, dans un genre bien
oposé, n'attire pas moins les regards des connoisseurs.
C'est une *Noyce de village*. Les convives, échauffés
des vapeurs du vin, se livrent à des excès de tendresse
dont les femmes ont peine à se défendre. Cet incident
jette dans la composition un certain désordre qui
n'en relève pas peu le mérite. *Rubens*, en égaïant
ainsy son pinceau, nous fait voir avec quel danger
il l'auroit emploïé à des sujets plus lubriques.

Mais en ne considérant ce tableau qu'avec des
yeux de connoisseurs, il ne peut passer que pour une
esquisse avancée[1].

1. Exp., n° 69. — Au Louvre, n° 2115.

La Kermesse était exposée dans la même salle qu'une *Noce
villageoise* du *Carrache* et les *connoisseurs* ne manquaient
pas d'établir entre les deux tableaux un parallèle, qui ne
tourne pas sans d'innombrables réserves à l'avantage du premier. Le chevalier de Tincourt écrit : « Quel tapage, bon
Dieu ! diriez-vous en voyant la *Fête de village* de *Rubens*. Cette
composition, Madame, vous feroit éclater de rire... Vous
avoueriez, Madame, que *Rubens* étoit dans une grande effer-
vescence d'imagination quand il conçut l'idée de cette repré-
sentation burlesque ! Les premiers mouvemens que la vue de
cette composition vous occasionneroit étant passés, vous vous
apercevriez insensiblement que le peintre s'est plus attaché à
tracer un grand spectacle, également tumultueux et bouffon,
que d'en dessiner les figures avec goût et avec choix... Il y a
même apparence que vous y remarqueriez à regret une certaine gueuserie dans les coëffures de têtes et dans les habillements des figures, ce qui vous paroîtroit contre la vraisem-
blance. Le coloris, à la vérité, semble racheter ces défauts,

. . . . . Nous possédons trois tableaux de [Vandeik],
dont les deux plus beaux sont le portrait de *Rubens*
et de son fils et celuy de la femme de ce peintre et de
sa fille[1].

On reconnoît dans l'un et l'autre de ces chefs-
d'œuvres de belles carnations et une vérité de dessein
telle qu'on la doit désirer dans le portrait, où il faut
principalement viser à l'imitation.

A l'égard du dernier des trois, c'est celui du comte
du Luc tenant une orange[2]. La tête n'en a pas assez
de relief et sa chemise est trop empesée.

— On a placé dans le fond de la petite gallerie,
à côté d'une croisée, un morceau de Rembrant. C'est
un Tobie prosterné devant l'ange du Seigneur dans
l'instant qu'il disparoît après s'être découvert à luy[3].

mais à peine les pourroit-il pallier à vos yeux..., le mouvement du pinceau est trop libre et trop cru..., on convient
cependant, Madame, unanimement, que ce tableau est un des
plus amusans de tous ceux qui se voyent dans cette pièce et
dans les autres. » *Lettre...*, p. 73, 74.

1. Exp., n°ˢ 8 et 3. — Au Louvre, n°ˢ 1973 et 1974 (personnages non identifiés).

2. Exp., n° 91. — Au Louvre, n° 1975 (*portrait du duc de
Richmond*).

3. Exp., n° 31. — Au Louvre, n° 2536. Son entrée doit dater
du second quart du xviii° siècle.

Après avoir accordé les éloges de rigueur au talent de por-
traitiste de *Rembrandt*, le chevalier de Tincourt ajoute à propos du *Tobie* :

« Je suis persuadé, Madame, que vous souririez de la manière
dont *Rimbrant* concevoit et digeroit ces sortes de sujets.
Tout se ressent dans celui-ci de l'ignorance et de l'ignobilité
des idées de ce peintre. Vous remarqueriez cependant des
expressions dans les attitudes... Au surplus, Madame, la magie
du clair-obscur et le brillant du coloris donnent à ce tableau
un air séduisant; peut-être même vous en imposeroit-il au
premier coup d'œil : on est étonné, surpris, sans savoir précisément de quoi. Mais j'oubliois, Madame, que ce fard n'a
point de puissance sur votre esprit : il rendroit promptement
la justice due à un peintre intelligent dans les lumières et

La touche de ce peintre est singulière et son dessein tient entièrement du goût de son école. Cependant, son tableau a tant de force et la magie du clair obscur y est poussée à un si haut degré de perfection qu'une foule d'amateurs ne cessent de s'y porter.

Tous ces charmes ne me feront pas préférer les sujets d'histoire de ce maître à ses portraits.

ÉCOLE FRANÇOISE.

Aucuns des tableaux de cette exposition ne peut disputer la préférence à celuy du Poussin représentant *l'Hivert*[1] . . . .

Quelqu'attention que l'on prenne à retracer ce sujet, ce ne peut être que d'une manière bien inférieure à celle dont il est traité. Contentons-nous donc de remarquer que le peintre ne pouvoit y répandre plus d'intérest. Ses expressions, quoique recherchées, n'en sont pas moins puisées dans la nature. Elles sont simples et patétiques. Cette composition éparse, cette lumière vague, tout, jusqu'au deffaut familier de ce maître, je veux dire le ton gris qu'on lui reproche, concourt à faire valoir ce chef-d'œuvre.

Les trois autres saisons et plusieurs traits, tant de l'histoire que de la fable, rendus par ce célèbre artiste enrichissent encore notre collection. On remarque surtout un tableau représentant les *Philistins attaqués de la peste*[2]. Il semble que le *Poussin* se soit trouvé au milieu des ravages de cette maladie pour avoir rassemblé des images qui causent tant d'horreur et d'effroi.

La mane envoyée aux Israélites[3] fait le sujet de son

habile dans le coloris, mais peu versé dans les parties les plus essentielles d'une composition historique. » *Lettre...*, p. 40.

1. Exp., n° 20. — Au Louvre, n° 739.
2. Exp., n° 4. — Au Louvre, n° 710.
3. Exp., n° 7. — Au Louvre, n° 709.

pendant. Il y auroit de la témérité à en faire la description après celle que nous en a donnée Félibien, grand connoisseur et son intime ami.

Mais de Pile, dont les jugemens ont toujours eu moins de partialité, après avoir fait marcher le maître françois de paire avec les maîtres d'Italie, observe que sa composition étoit grande, que son génie le portoit dans un caractère noble, mâle et sévère, *et que c'est précisément dans ses ouvrages où l'on s'aperçoit que la grâce n'est pas toujours où se trouve la beauté.* Enfin, après l'avoir représenté comme un grand sectateur de l'antique, dans un autre endroit, en parlant de son coloris, il dit qu'*il n'en a jamais eu la théorie. En effet*, ajoute-t-il, *ses couleurs telles qu'on les voit employées ne sont que des teintes généralles et non l'imitation du naturel, qu'il ne voïoit que rarement; je parle* (poursuit-il) *de ses figures et nôn pas de son païsage, où il paroît avoir eu plus de soin de consulter la nature.*

Cette critique judicieuse nous fait voir que le *Poussin* auroit été capable de porter son art à la dernière perfection et que, s'il en a ignoré quelques parties, c'est moins parce qu'il luy étoit impossible de les acquérir que parce qu'il a négligé de les aprofondir.

LE VALENTIN, plus connu par ses tabagies que par ses autres sujets, ne se fait pas moins remarquer dans deux tableaux d'histoire. L'un représente le *Jugement de Salomon*, l'autre *Suzanne et les vieillards devant Daniel*[1]. Dans l'un et dans l'autre on trouve de l'expression et qu'ils sont montés d'un si bon ton de couleur que le beau *Bassan*, placé au milieu d'eux, ne les fait point tomber. Ce n'est pas cependant qu'ils soient exempts de deffauts : presque toutes les figures en sont trop courtes; celles de Salomon et de

---

1. Exp., nᵒˢ 12 et 16. — Au Louvre, nᵒˢ 57 et 56.

Daniel manquent de noblesse. Si l'on découvre dans ces morceaux quelques bons caractères de tête, il semble que ce soit plutôt le hazard qui les ait fait rencontrer au peintre qu'un sage discernement. Tout dénote qu'il ne s'est point écarté de ses modèles et qu'il les a pris comme ils se sont rencontrés.

A l'égard de son dessein, il est rarement élégant. Pour son coloris, il est vrai qu'il a fait de grands progrès dans la couleur locale, mais il n'a pas toujours possédé la belle intelligence du clair obscur, quoique l'on s'aperçoive qu'il l'ait fréquemment cherchée.

Ces deffauts se manifestent singulièrement dans un tableau représentant une *Boëmienne disant la bonne avanture à un Espagnol*[1].

— Le païsage a été la seule partie de la peinture qu'ait cultivée LE CLAUDE; aussy l'a-t-il conduit à une si haute perfection qu'en voyant ses ouvrages il semble que c'est la Nature qui se soit peinte elle-même. A l'égard de la figure, quelques soins qu'il ait pris à la dessiner, il ne l'a jamais bien entendüe. On observe cependant que personne n'a sçu mieux la placer que lui pour l'effet du tout ensemble.

Ses deux marines sont très belles. L'une représente le *Débarquement de Cléopâtre* par une fraîcheur du matin, l'autre un *Couchant du soleil* avec un ciel chaud et tirant à l'orage[2].

— J'obmet de parler de tant d'ouvrages meilleurs que ceux de MIGNARD, que je serois excusable de ne rien dire des siens. Mais les testes de ses *Vierges* et de sa *Sainte Cécile* sont si belles qu'elles méritent quelques distinctions[3].

---

1. Exp., n° 3o. — Au Louvre, n° 6i.
2. Exp., n°ˢ i et 10. — Au Louvre, n°ˢ 314 et 3i3.
3. Exp., n°ˢ 45, 46 et 56. — La *Sainte-Famille*, entrée dans les collections en 1694, était au Louvre en 1785; la *Sainte*

— Le Sueur a été surnommé le Raphaël françois, et Le Moine est regardé comme le coloriste le plus suave que notre école ait vu naître. Néantmoins, les deux tableaux que l'on voit de ces deux hommes célèbres dans la salle du Trône n'auroient point été capable[s] de faire leur réputation.

Celuy de *Le Sueur* représente *Jésus-Christ que les bourreaux attachent à la colonne*[1].

La *Continence de Scipion* est le sujet traité par *Le Moine*[2].

— Une belle *Sainte-Famille* se fait remarquer entre plusieurs tableaux de Le Brun. On y voit l'*Enfant Jésus qui repose et la Vierge faisant signe à saint Jean de ne le point éveiller*[3].

Bien des curieux n'estiment pas moins ses deux grands sujets représentant, l'un *Jésus-Christ qui porte sa croix*, l'autre *Jésus crucifié*[4].

Des expressions choisies, une exécution facile et

Cécile est au Louvre, n° 634, ainsi que la *Vierge à la Grappe*, n° 628.

1. Exp., n° 36. — Au Louvre, n° 605.

2. Exp., n° 39. — Actuellement au Musée de Nancy. C'est le tableau qui avait obtenu le prix, en même temps que celui de de Troy, au concours de 1727. Il est connu par une belle planche de Le Vasseur. La sévérité de Gougenot contraste avec l'enthousiasme de ses contemporains : « Quelle décence ! Quelle noblesse ! Quelle justesse et quelle harmonie dans la composition ! Toutes les parties se prêtent un secours mutuel, nulle n'est indigne de l'autre, aucune ne se trouve hors d'œuvre, toutes jouent le rôle qui leur est propre, les unes avec plus de dignité, les autres avec plus de vivacité, celles-ci avec plus de curiosité. Quelle vie répandue dans toutes les attitudes ! Que de noblesse dans les airs de têtes ! Que de souplesse et de noblesse dans les contours ! Quelle heureuse distribution de la lumière ! Qu'elle est bien réunie au centre ! Quel éclat ! Quelle fraîcheur ! Quelle suavité ! etc., etc... » *Lettre sur les tableaux...*, p. 25-26.

3. Exp., n° 38. — Louvre, n° 495.

4. Exp., n°s 53 et 52. — Louvre, n°s 499 et 500.

une grande ordonnance caractérisent ce maître. Pour
son dessein, il est un peu rude et mou, et il n'a
jamais passé pour bon coloriste.

— La Fosse a été de tous les peintres celuy qui a
le mieux entendu la magie du clair obscur. Il se distingue autant par cette partie dans son tableau de
Marthe et Marie que par celle de l'expression[1].

On ne peut pas regarder la *Madeleine* de Santerre[2]
comme la plus belle chose qu'il ait faite. Ses carnations, quoique vives, n'ont pas ce ton de vérité qu'on
trouve dans ses autres ouvrages. Mais, pour adoucir
cette critique, qu'il me soit permis de rapeller le souvenir de sa belle coupeuse de choux, principal orne-
ment du cabinet de M. de Gagny[3]. Elle fait illusion.
Tel est l'effet d'une belle entente de la couleur locale.

— Je finis par les deux pastels de Vivien représentant M. le duc de Berry et l'électeur de Bavière[4].
Sans entrer dans un éloge détaillé, il suffit de dire
qu'ils sont d'une grande beauté.

1. Exp., n° 50 : *la Madeleine auprès du Christ.* Il s'en faut
que tous les visiteurs soient aussi bienveillants :

« Je ne m'arrêterai pas plus à ce morceau, écrit-on, qu'il me
semble que vous vous y arrêteriez vous-même : la principale
figure m'a parue avoir le moins d'expressions de toutes les
autres qui n'en manquent pas ; le tout en outre a une certaine pesanteur et quelque chose de ténébreux qui ne pour-
roient que vous rebuter. » *Lettre sur les tableaux...*, p. 15.

2. Exp., n° 55.

3. Une estampe anonyme, publiée « à Paris, chez Diacre,
rue Saint-Nicaise », reproduit ce tableau sous le titre : *le
Midy.* La gravure est accompagnée du quatrain suivant :

  « Isabeau qui n'est point friande
  Fait son regal avec des choux
  Et garde sa graisse et sa viande
  Pour quand elle aura un espoux. »

La toile fut vendue 3,215 livres à Poullain, en 1776, à la
vente du Cabinet Blondel de Gagny. Elle est actuellement,
nous dit-on, au Musée de Bordeaux.

4. Exp., nᵒˢ 48 et 49. — Le portrait de Maximilien-Emma-

— La loy que je me suis imposée de ne parler que des objets les plus saillans est cause que je passe sous silence plusieurs tableaux, tant des écoles étrangères que de la nôtre. Ce n'est pas qu'ils ne méritent l'estime des connoisseurs ; seroient-ils sans cela compris dans une exposition faite avec tant de soin ?

A l'égard des *desseins*, on fait passer successivement en revuë ceux des plus excellents maîtres. Ils ne sont pas tous également bien choisis. Il paroist que la collection du Roy n'a point de supériorité dans cette partie sur celle de nombre de nos amateurs.

On a distribüé dans différens endroits de la grande gallerie des vases de forme antique de très bon goût.

Gallerie de Rubens.

Cette gallerie contient les principaux traits de la vie de Marie de Médicis. *Rubens* en commença les tableaux en 1621 et les acheva en 1623[1] ; ainsi les deffauts qui s'y trouvent et qui vont être relevés doivent moins être imputés à son impéritie qu'à la grande précipitation avec laquelle cette suitte a été faite. J'ajouteray même que les partisans de cet artiste en rejettent la plus considérable partie sur ses élèves qu'il a été obligé d'employer pour accélérer. En effet, les morceaux reconnus pour être entièrement de la main du maître laissent peu de prise à la critique.

Les jugemens de chacun d'eux en particulier sont précédés de courtes explications où l'on a dévelopé leurs allégories. Cela poura faire d'autant plus de

nuel, duc et électeur de Bavière, fut exposé au Salon de 1704 et gravé par *Vermeulen*. Actuellement au Louvre, dessins, n° 1317.

1. Le travail fut terminé seulement en 1625. En exagérant encore la célérité de *Rubens*, Gougenot se conforme à une tradition qui a duré jusqu'à nos jours.

plaisir que les descriptions qu'en a données Phélibien et ceux qui l'ont suivi sont peu fidèles et qu'aucun ne s'est embarassé de démêler le sens figuré de ces tableaux[1].

— Le premier, de forme longue et peu favorable pour le peintre, représente la *Destinée de Marie de Médicis* ..... Toutes ces figures ont une bonne couleur et de beaux caractères. Jupiter et Junon sont parfaitement compo*sées*, quoique Jupiter ait une jambe trop courte. A l'égard des Parques, la seconde ne pose point. Rien n'assujettissoit *Rubens* à mettre la dernière de ces divinités infernalles sur terre. S'il ne l'eût pas fait, il est certain qu'il eût pu les grouper facilement toutes trois ensemble. Cependant, afin de rendre son allégorie plus sensible, il a mieux aimé s'écarter des règles de l'art et ne s'en servir que pour faire briller ses figures par la beauté et la variété des attitudes. Bien différent en cela de nos peintres modernes qui, loin de prendre de telles licences, risquent souvent de ne point rendre leur sujet pour sacrifier tout à l'effet d'une masse. Ainsi quand ce qui ne concernoit que l'art se trouvoit en concurrence avec ce qui étoit du ressort de l'esprit, *Rubens* n'a jamais balancé auquel des deux donner la préférence, mais cette préférence même tournoit à l'avantage de l'art.

— La *Naissance de Marie de Médicis* fait le sujet du second ..... Ce tableau est un des plus foibles de la gallerie. La composition en est médiocre. Il a peu d'accord. Le rouge y domine partout. Joint à cela qu'il est mal éclairé; que la lumière en est éparse et les fonds trop noirs, de sorte qu'il paroist troué de tous côtés.

---

1. Les tableaux se succèdent dans l'ordre même de la numérotation actuelle du Louvre, n°ˢ 2085 à 2105. Comme il a été dit plus haut, on a supprimé ici la partie purement descriptive du texte de l'abbé Gougenot.

— Le troisième nous dépeint l'*Éducation de Marie de Médicis* . . . . . Autant nous avons blâmé le précédent morceau, autant nous devons prodiguer de louanges à celui-cy. L'on y découvre toutes sortes de beautés, tant dans son ordonnance que dans ses accessoires. Les caractères en sont divins. Le Mercure en racourci est si connu qu'il est inutil de répéter ce qui a été dit sur cette excellente figure. La sagesse est peinte sur la phisionomie de Minerve. Il semble que l'artiste l'ait mise dans la demi-teinte autant pour augmenter l'expression de son caractère que pour rendre par opposition celui de la reine plus piquant. Rien de plus aimable que cette princesse. Pouroit-on la représenter avec plus d'ardeur et d'aplication pour le travail? A l'égard des Grâces, malheureusement nous ne les possédons pas telles que *Rubens* leur à donné le jour ; la crainte que l'on a eu[e] qu'elles ne fissent impression sur quelques personnes trop susceptibles a été cause qu'on a privé les amateurs de certaines beautés qui n'auroient jamais dües leur être voilées[1]. S'il falloit choisir entre ces trois divinités, je crois que les suffrages se réuniroient pour celle d'entre elles qui tient la couronne, celle de face ayant le bas du visage un peu maigre et le profil de la dernière décrivant trop la même ligne. On s'attache autant dans ce tableau à la grande correction du dessein qu'au bon ton et à l'harmonie de la couleur.

1. C'est ce que Félibien nous apprend en termes non moins mesurés : « Il est vrai que ces trois Grâces ne sont pas aujourd'hui telles qu'elles étoient autrefois, parce que depuis quelques années on les a couvertes de légers vêtemens, et, par des sentimens d'une modestie chrétienne, on a cru devoir retrancher non pas aux yeux des savans, mais au plaisir des sensuels, ce que l'art avoit rendu de très accompli dans les corps de ces trois Grâces qui assurément étoient les plus beaux que ce peintre ait jamais faits. »

Il y a cependant des connoisseurs qui prétendent
que les mains de la Minerve ne sont pas belles, que
le groupe des Grâces est trop pasle, que le peintre
n'auroit pas dû les faire blondes toutes les trois;
qu'il auroit dû pareillement éviter, en les rendant
plus ou moins sanguines, de leur donner le même
tein et la même carnation; enfin qu'elles auroient dû
avoir un peu plus de gaïeté.

— Dans le quatrième, *l'Himen et l'Amour de concert présentent à Henri IV le portrait de la princesse.*

. . . . . Quoique toute cette composition paroisse
éparse, elle est cependant liée par les Nuées sur les-
quelles Jupiter et Junon sont assises et qui suportent
leur chard. A l'égard des caractères, ceux de ces deux
divinités n'ont aucune noblesse. Celui de l'Hymen
est tout à fait bas. Mais pour l'Amour, il a une phisionomie si rusée qu'on ne sçauroit assez admirer
l'esprit qui est répandu sur cette petite figure. Il fait
remarquer à Henry IV les charmes de la Princesse
et s'aplaudit en même tems de l'impression qu'ils
ont déjà fait sur son cœur. Le Roy regarde le portrait avec beaucoup de satisfaction; il est debout,
revêtu d'une armure extrêmement riche. Néantmoins
son poignet et l'extrémité de l'avant-bras, qu'il apuit
sur sa anche, par un manque d'accord rentrent dans
la cuirasse et le mouvement de ses jambes paroist
gêné. De plus, les intervalles que laissent toutes les
jambes dans le bas du tableau ne produisent pas un
bon effet. Pour l'éviter, il auroit fallu laisser tomber
le manteau de la France et développer un peu plus
ses draperies, — ce qui auroit aussy mieux répondu
à la beauté et à la dignité de son caractère. Les
Amours qui s'amusent avec les armes du Roy sont
inférieurs à celui qui lui montre le portrait de la
Princesse. L'aigle, au lieu d'être en l'air, auroit mieux
été groupé avec Jupiter; dans la place qu'il occupe,

il ne fait qu'une tache au tableau. Ces paons sont très beaux et rendus avec beaucoup de vérité; mais l'honneur en apartient principalement à *Snyders*, qui a peint admirablement tous les animaux de cette gallerie.

— Le cinquième est la célébration du [*Mariage par procuration d'Henry IV avec Marie de Médicis à Florence*] . . . . . L'ordonnance du tableau, toute simple qu'elle est, n'en est pas moins belle. Il n'y a à redire qu'une seule chose dans la disposition des figures, c'est que le peintre ait posé le diacre et le porte-croix de façon que leurs têtes paroissent l'une sur l'autre. Leur caractère est d'ailleurs chargé. La figure du célébrant est trop courte. Pour celle de la Reine, elle est dans une belle proportion, bien drapée et rendue avec toute l'élégance possible. L'idée qu'a euë *Rubens* de lui faire porter son manteau par l'Hymen est peu décente; on est toujours choqué de voir le sacré mêlé avec le profane. D'ailleurs, la figure de cette divinité est si mal engeancée et d'un si mauvais stile qu'elle n'intéresse nullement. Celle du Grand-Duc est lourde; ce n'est cependant pas une faute si le peintre en cela s'est assujetti à la ressemblance. On lui reproche aussi d'être tombé dans un manque d'accord pareil à celui du précédent tableau, par rapport à l'emmenchement de l'avant-bras avec la main que le Grand Duc a apuiée sur le pommeau de son épée. Enfin on trouve qu'il auroit dû éviter de faire la sculpture de son autel de relief; que si au contraire il l'eût traité de bas relief et d'un ton vague, elle eût mieux gardé son plan et le fond du tableau n'en eût été que plus tranquile.

Mais, malgré ce qui est à souhaiter dans cet ouvrage, on ne peut assez s'étonner de la sçavante distribution des masses, du bon parti que *Rubens* a tiré des modes du temps, en s'y assujettissant, de l'expression des têtes, et surtout de la beauté de celle de la Reine. Ce qui est d'autant plus singulier que ce sont presque tous portraits.

— De là, on passe au *Débarquement de Marie de Médicis*, qui se fit à Marseille le 3 novembre 1600. . . . . . Ce tableau est un des mieux dessinés de *Rubens* et un de ceux où il a montré qu'il ne redoutoit point de traiter les sujets les plus difficiles. Celuy-ci, tout ingrat qu'il est, devient intéressant par la manière poétique dont il est rendu. L'ordonnance en est belle. La Reine, vêtue d'une robe de satin blanc, accompagnée des seigneurs et dames de sa suite, est peinte avec beaucoup de dignité. On la distingue parfaitement de sa cour, dont le groupe est très beau. Le commandant du bâtiment ne cause pas moins de satisfaction. L'on ne sçauroit trop admirer la richesse de la galerre et l'art avec lequel le peintre a dérobé l'aspect désagréable qu'auroit produit l'interval de ce bâtiment au parapet du port. Pour parer cet inconvénient, il a jetté un tapis rouge sur la planche où passe la Reine qui cache en partie cette espace et il a masqué le surplus par trois Syrennes, qui retiennent avec un cable la gallere dans l'instant qu'ils l'amarrent. Rien n'égale la beauté de la première. La seconde a aussy beaucoup de grâce ; sa chevelure, nattée de perles, ne fait, par un aimable négligé, qu'ajouter à ses charmes. Le reste de la cour de Neptune forme, par son ton de couleur, une belle opposition avec ces divinités enchanteresses. Enfin l'idée d'avoir introduit sur la scène le dieu du port pour les avertir d'arrester est digne du génie de *Rubens*.

Mais toutes ces perfections ne peuvent couvrir certains deffauts, comme d'avoir fait perdre à la France son aplomb. Quoique la Renommée soit assez svelte, son mouvement n'est pas exactement vrai. Celuy de la seconde Sirenne est outré, puisqu'il est impossible

qu'on puisse voir en même tems les deux fesses et
les deux mamelles d'une femme. Pour moy, en convenant que les Sirennes ont de beaux airs de têtes,
qu'elles sont bien de chair et dans d'heureuses attitudes, j'aurois désiré que les deux premières fussent
plus raprochées de la troisième, que la seconde fût un
peu plus sanguine et qu'elle tint par sa couleur un
juste milieu entre le ton de la première et celuy de la
dernière, de sorte que, de telle manière qu'on eût pu
les considérer, elles n'eussent fait toutes les trois
qu'une seule masse, ce qui auroit rendu le devant du
tableau plus tranquille. Le dieu tutélaire du port a
un air glaciale. Je ne sçai pour quoi les peintres et
les poètes veulent qu'il ne soit jamais échapé le
moindre sourire aux divinités aquatiques. N'étoit-ce
pas le cas de franchir la règle qu'ils semblent s'être
prescrite à cet égard? Il faut ajouter que Neptune
joue un ridicule personnage en retenant la poupe de
la gallere; c'étoit l'employ de ses Tritons; il eût été
plus convenable qu'il eût commandé les manœuvres
et même qu'il ne s'y fût point trouvé du tout. Sa
figure d'ailleurs est courte et d'un caractère commun;
ses cheveux ne paroissent d'aucune utilité (*sic*). De
plus, leurs têtes sont si singulièrement disposées
qu'on ne peut deviner l'office de leurs corps.

— *Le Mariage d'Henry IV avec Marie de Médicis* fut consommé à Lyon, le 9 décembre 1600 . . . . .
L'allégorie sous laquelle ce sujet est rendu est divisée
en deux groupes dont l'un est en l'air et l'autre sur
terre. Il n'est pas douteux que l'artiste eût pris un
meilleur parti s'il eût tenu le premier sur un plan
plus reculé. Il est d'ailleurs bien composé et le Jupiter est dans un excellent caractère de dessein, quoique
par sa position il tombe un peu du costé de Junon.
Celle-cy n'est pas si correcte, ainsy que l'indique
l'ensemble de ses jambes. Le Roy et la Reine repré-

sentés sous l'emblesme de ces deux divinités paroissent
trop âgés, la Reine surtout, ce qui devient plus sensible lorsque l'on compare sa tête à celle du tableau
de la célébration de son mariage. Elle semble avoir
au moins dix ans de plus; cependant, il ne s'étoit
écoulé entre ce temps et celui de la consomation que
deux mois. L'Himen a, plutôt l'air d'une femme que
d'un jeune homme. Les petits Amours méritent plus
d'attention. Encore sont-ils trop sur la même ligne.
Finalement, l'interval des deux groupes n'est pas d'un
bon effet. On auroit voulu que les nues eussent été
un peu plus balancées.

Le second groupe, formé par la ville de Lyon
tirée dans son chart, est très beau. Il orne le devant
de la scène d'une épisode agréable. La figure de la
Ville placée dans la demie teinte a beaucoup de grâce
et semble prendre bien de l'intérest à l'union des
nouveaux époux. Les deux Amours qui la conduisent
ne lui cèdent ni du costé des charmes ny du côté de
l'expression. Il y en a un qui renverse sa tête pour
regarder avec joïe leurs Majestés; on ne peut assez
en exalter le mérite.

— Le huitième nous retrace la *Naissance de
Louis XIII* . . . . . On est d'abord surpris que *Rubens*
ait fait passer une telle scène en pleine campagne. Par
raport à la composition, elle n'est formée que d'un
seul groupe, mais trop quarré, qui présente dans le
fond deux têtes de face et qui est fermé par deux
figures de profil. Ces espèces de pléonasmes ne s'ad-
mettent point dans les bonnes règles. Il faut ajouter
que la ville, ayant une main sur l'épaule de la Reine,
est dans une position peu respectueuse. D'ailleurs,
on auroit dû éviter que son bras formât une ligne
désagréable en s'enfilant avec celui de la princesse.
Mais le deffaut le plus choquant de cet ouvrage, c'est
que les plans sur lesquels les figures de devant

posent sont douteux et qu'en suposant ces mêmes
figures sur ceux qu'elles paroissent tenir, ils ne leur
permettent pas le mouvement qu'elles ont.

Qui ne connoîtroit ce tableau que par cette critique
en feroit sans doute peu de cas; cependant, c'est un
de ceux de la gallerie qui mérite le plus d'attention.
Ses têtes sont dans d'excellens caractères et il n'y en
a point où l'expression ait été haussée plus loing;
tout, dans la personne de la Reine, rend en même
tems les douleurs de l'enfantement et la joie qu'elle
ressent de se voir mère d'un fils, sans que ces deux
passions opposées altèrent rien ny de sa beauté ny de
sa ressemblance. On peut même dire que jamais
Rubens n'a peint cette souveraine avec tant de
Majesté que lorsqu'il l'a représenté[e] donnant un
maître à la France. Les draperies de son habillement,
l'espèce de canapé antique sur lequel elle est assise,
tout cet ajustement pictoresque donnent une grande
idée du goût de l'artiste. A l'égard du Dauphin, la
tête en est très belle. On trouve seulement qu'elle est
trop faitte et trop raisonnable pour un enfant qui
vient de naître, ce qui est cause que quelques connoisseurs préfèrent celle de la Justice.

— Dans le neuvième tableau, *Henri IV, ...,
charge la Reine de la régence de son royaume . . . . .*
Cette composition est sage, elle a autant de mouvement qu'en peut permettre un sujet aussy tranquile
que celui-là. Les figures du Dauphin, du Roy et de
toute sa suite sont très belles. Mais la tête de la Reine,
dans la position où elle est, auroit dû nécessairement
être vue de trois-quarts. Le bras et la main dont
elle reçoit le globe se dégradent trop, de sorte qu'ils
reculent au lieu d'avancer. Les deux dames qui la
suivent ont l'air trivial. Leurs têtes sont sur la même
ligne que celle de leur souveraine, ce qui étoit d'autant plus aisé à éluder qu'il y en a une qui est sur un

plan plus avancé du devant du tableau que les autres. Enfin l'on trouve l'architecture du palais trop faitte et la petite balustrade du devant ajusté[e] à la place sans nécessité.

— [*Couronnement de Marie de Médicis*] . . . . . Il n'y a point de tableaux dans la gallerie qui mérite plus d'éloges que celuy-ci. On peut même le regarder comme un chef-d'œuvre dans presque toutes ses parties. L'ordonnance en est des plus sçavantes. Il renferme cinquante-deux figures en cinq groupes, mais ils sont si artistement liés les uns avec les autres par leur disposition et par une belle entente de lumières et d'ombres qu'ils semblent n'en former qu'un seul. La grande harmonie qui y règne fait que la multiplicité des personnages n'y cause point de confusion. La vue est tranquille partout. De quelques costés qu'elle se fixe, elle n'y trouve que des objets agréables ; une variété étonnante dans les airs de tête et dans les caractères, de beaux portraits, dont quelques-uns, éclairés de reflet, sont d'un prix inestimable, des habillements superbes, des étoffes vraies, une architecture traitée avec toute l'intelligence possible et une étroite conformité aux règles du costume. Le seul endroit où *Rubens* paroît s'en être écarté, c'est en introduisant dans un lieu saint des Génies. Je suis fâché encore d'observer que leur[s] racourcis sont mal entendus et qu'ils font tort au bon effet du tableau.

— *L'Apothéose d'Henry IV et la Régence de la Reine*, réunis dans le onzième tableau, remplissent le fond de la gallerie . . . . . Une faute inexcusable dans ce tableau, c'est que l'unité d'action n'y soit point observée. Il est vrai qu'on ne peut pas dire qu'il est mal composé. Toutefois, il seroit d'un meilleur effet si les groupes en étoient moins troués. Les Dieux ont un air sérieux et paroissent plus frapés que les mortels de la catastrophe qui vient d'arriver. Par un contraste assez déplacé, la Reine reçoit avec trop de joïe les respects de ses sujets.

Si de là on entre dans quelques détails particuliers, l'Hercule est beau; la figure en est bien posée, mais il ne répand aucun intérest dans l'action. Il en est de même du Mercure; la tête et le torse en sont admirables, le surplus est manqué. Vénus, qui caresse l'amour, est charmante; les nues, qui en interceptent une partie, ne sont point décidées. La Victoire et Bellone ont beaucoup d'expression; cependant le trophée de celle-cy ne peut se soutenir ainsy qu'il est posé. Enfin la Régence ne pouroit être plus belle, si elle n'avoit pas un tour forcé.

— Le douzième tableau est entièrement poétique. *La Reine vient implorer l'assistance des Dieux. . . .* . . . . . Ce morceau, quoique dans un genre différent, peut être mis en concurrence pour la beauté avec le onzième. La composition en est admirable, bien cadancée et renferme de grandes opositions. La plus frapante est celle de l'assemblée des Dieux avec le groupe des Vices. Ces monstres ont tous en particulier des expressions terribles et leurs passions ne sont outrées qu'autant que le sujet l'exige. Celui qui a le dos tourné semble allonger une jambe hors du tableau; c'est un des effets de racourci le plus fort qu'on puisse voir. Pour les Dieux, ils ont chacun des caractères convenables, et entre les Déesses il y en a qui réunissent tant de grâce et de dignité qu'on ne sçait à laquelle donner la préférence. Tel[le]s sont la Force, Junon, Vénus et Cérès.

Ce tableau est un de ceux de la suite où il y a le plus de nu. L'on y reconnoist plusieurs figures d'après l'antique, que *Rubens* a fait rentrer dans son goût de dessein. A l'égard de celles qui sont drapées, le choix des couleurs qu'il a emploïées à cet effet contribue autant au bon accord du tableau et à y répandre une certaine aménité que la sagesse avec laquelle la lumière et les ombres y sont distribuées.

Mais, comme les meilleures choses sont rarement à l'abri de toute censure, on pouroit exiger premièrement que la Reine fût plus ressemblante; secondement que les Grâces eussent dans le total plus de finesse et qu'elles tinssent la place qu'elles doivent naturellement occuper à la suite de Vénus.

— *Les Désordres du Royaume apaisés* . . . . . Un aigle paroist dans l'air, poursuivant des oiseaux, mais sans fondre sur eux avec impétuosité, pour faire sentir le ménagement avec lequel un Roy doit faire la guerre à des sujets qui sont toujours ses enfants, nonobstant leur rébellion . . . . . La Reine est dans une attitude élégante et très gracieuse . . . . . Son cheval est dans un bon mouvement. La Douceur. . . . . est si bien caractérisée qu'elle paroist encore touchée des malheurs passés de l'État. Le lion qu'elle amène n'est pas moins expressif. La lumière de ce tableau est bien entendue; il est peint à flou. Les figures en sont sveltes et se sentent moins du goût flamand qu'aucunes de celles de *Rubens*.

Cependant quelques-uns prétendent que la Reine a l'air trop jeune. Ils auroient aussi voulu qu'elle eût porté son attention du côté de la Douceur; que son coursier, quoique cheval de bataille, fût plus fin; que le groupe de la Renommée participât de l'air et qu'un des bras de la Victoire ne s'enfilât pas avec celui de la Renommée. Ils soutiennent de plus que la ville et les armées seroient d'un meilleur effet si la perspective aérienne y étoit mieux entendue.

— En 1615, Isabelle de France se maria à Philippe IV, roy d'Espagne, et Anne d'Autriche, infante d'Espagne, épousa Louis XIII. Ce double événement est retracé par l'*Échange*, qui se fit *des deux Prin-*

cesses . . . . . Le peintre, pour faire distinguer les princesses par ceux même qui ne les auroient pas vu[es], a vêtu l'Infante de gris de lin et Isabelle de France d'un satin blanc, couleur adoptive de notre nation. Il ne s'est pas borné là; il a, par le mouvement des figures, fait sentir celle que l'Espagne remet d'avec celle qu'elle reçoit, mais, en voulant trop exprimer, il a donné à la France un tour forcé et n'a pas assez varié ses airs de têtes. Sa Néréide est grossière. Son Triton et son Fleuve sont dans de meilleurs caractères, mais les deux premiers de ces personnages sont déplacés, car ils ne doivent point habiter les rivières. Les deux enfants qui soutiennent les rideaux sont trop rouges. La lumière de ce tableau est vague. La Félicité et les Amours qui l'accompagnent sont bien contrastés dans leurs mouvemens et d'une beauté inestimable. Toute cette partie est faite avec chaleur et mérite, sans contredit, la préférence.

— [*Félicité de la Régence*] . . . . . Je connois peu de morceau[x] qui réunisse[nt] autant de beautés et d'imperfections que celui-cy. Je voudrois que les personnages qui le composent fussent liés avec moins d'art. La Prudence et l'Abondance présentent deux profils. Le Tems est d'une nature et d'une carnation qui conviendroient mieux à un Pluton. L'on ne sent pas où passe le corps de l'Avarice; son bras et la jambe de l'Ignorance s'enfilent désagréablement. Il règne dans les figures plusieurs incorrections, ainsi qu'on le peut voir dans le bras de la Reine qui tient la main de la Justice, dans celui du Tems et de la France et dans celuy avec lequel l'Abondance supporte sa corne. Le mouvement du Génie de la musique est un peu forcé. Outre cela, ce tableau n'a point d'enfoncement; les plans y sont tourmentés et paroissent peu vraisemblables. A l'égard de son coloris, j'y trouve plus de vérité dans la couleur locale que d'intelligence du clair obscur.

Mais aussy, si on le considère du côté de ses perfections, quel avantage n'a-t-il pas? Son Allégorie, toutte compliquée qu'elle est, renferme de belles expressions. Il n'y a pas une tête qui ne soit dans un excellent caractère et elles sont presque toutes bien contrastées. Celle de la France, dans la demie teinte, est admirable. Étoit-il possible de mieux traiter la vérité que par l'air naïf de ce petit enfant qui reçoit la couronne? La Peinture a un tour charmant; elle se réjouit de ce que l'Avarice, qui empêche le progrès des arts, est terrassée; il semble qu'elle saisit cet instant comme si elle vouloit le retracer; enfin *Rubens* nous a caractérisé dans cette petite figure l'art de peindre avec tant de beauté qu'on peut dire qu'il nous l'a rendu tel qu'il le possédoit lui-même.

— [*Louis XIII prend l'administration de son Royaume*] . . . . . Ce tableau ne plaît que par la variété des airs de têtes, car d'ailleurs les figures n'ont rien d'intéressant ny par leur caractère, ny par leur disposition, ny par leur correction. Elles sont placées sur deux plans distincts sans aucune liaison ensemble. Les Vertus sont représentées par des femmes aussy grossières que le seroient des marinières. Enfin, la figure de la France est trop courte, celle du Roy et de la Reine n'ont aucune noblesse et manquent d'expression dans l'instant où il falloit leur en donner davantage.

— Marie de Médicis ayant voulu que cette superbe gallerie, monument de sa gloire, renfermât aussi un trait de ses disgrâces, *Rubens* a peint son *Évasion du château de Blois* . . . . . [Ce tableau] renferme de beaux contrastes. Son ordonnance se divise en deux groupes. Celui d'en bas est parfait; il a toutte l'expression imaginable. Il faut convenir qu'aucun peintre n'a sçu mieux remuer les passions. Les gens qui viennent secourir la Reine, touchés de ses malheurs, marquent leur empressement pour la tirer des mains de ses ennemis. Elle seule paroist tranquille et la joye qu'elle a de toucher au terme de ses peines n'en dissipe point encore le souvenir. Un génie moins élevé l'auroit peut-être représenté[e] sortant par la fenestre; *Rubens*, qui connoissoit mieux les bienséances, se contente de retracer la malheureuse extrémité où elle se trouva réduite, par une de ses femmes qui n'est point encore descendue. Minerve, à son air de satisfaction, fait voir que cet événement est son ouvrage. La Nuit seule paroît craindre pour sa réussite. Le caractère de la Déesse qui les éclaire n'est pas moins expressif. Elle forme une belle opposition par sa grande clarté avec le groupe d'en bas. Malgré l'obscurité de ce dernier, on sent que l'air le prend de toutes parts. Les reflets y font tant d'effet qu'ils rendent, pour ainsy dire, les objets lumineux dans l'ombre.

Mais je ne sçai si la jambe sur laquelle porte Minerve n'est pas forcée. Le racourci de la Déesse qui tient le flambeau n'est pas beau. Elle paroîtroit plus en l'air si ses jambes passoient derrière la figure de la Nuit. Il auroit fallu aussy découvrir une plus considérable partie de la fenêtre par où la suivante de la Reine descend.

— [*Propositions d'accommodement faites à Marie de Médicis*] . . . . . L'action se passe dans un beau palais qui a beaucoup d'enfoncement. Les figures y sont disposées en deux groupes. La Reine n'y est point représentée avec toutte la majesté royalle; il y a même quelque chose de sec dans son profil et dans sa main. La Vigilance ressemble à la Prudence du onzième tableau; elle n'en diffère que par l'œil qu'elle a sur la tête au lieu d'un serpent autour du bras. La figure du cardinal de La Valette est plus belle. On fait beaucoup de cas de la tête du cardinal de La Rochefoucault. Le Mercure est élégant; pour mieux exprimer sa légèreté, le peintre ne le fait tenir que sur la pointe des pieds, comme s'il arrivoit; mais le mouvement du genoux de la jambe qui pose est forcé. De plus, par son plan, il est trop éloigné du trône de la Reine et l'on ne sent pas ce qui peut soutenir sa draperie.

— Dans le dix-neuvième, *la Reine va au temple de la Paix* . . . . . La Déesse a pour temple une belle rotonde décorrée d'un ordre ionique. L'entrée en est si étroite et sa statue si aparante qu'elle représente plutôt une niche dans un entrecolonnement qu'un véritable portique. La figure de la Reine n'a rien d'intéressant. Le mouvement de Mercure n'est pas dans la plus exacte vérité et l'indication d'un des genoux de l'Innocence ne paroist pas des plus justes. Cette vertu qui auroit dû séduire par un air naïf un tour simple et élégant, est lourde et n'a rien que de froid dans la phisionomie. Les Vices sont représentés avec beaucoup plus de chaleur et le groupe en est bien remué. Mais on ne peut s'empescher de blâmer cette quantité de mains, disposées, si j'ose me servir de cette expression, en forme d'échellons.

— *L'entrevue de la Reine avec son fils* . . . . . L'ordonnance de ce morceau est belle. La Valeur a néantmoins un caractère peu expressif; ses membres ne contrastant pas, il n'est point étonnant que le racourci de sa jambe ne plaise pas. Le monstre de la Rébellion est parfaitement rendu. Le torse de l'Espérance est admirable, mais son racourci, quoique vraisemblable, est mal imaginé. Pour la Reine, elle a de la majesté; sa tête est colorié[e] avec beaucoup de fraîcheur et sa robe est vraie et bien ajustée. Mais la manière dont souffle le Zéphyre forme une mauvaise

équivoque. Le Roy n'a point un air de grandeur; je
ne parle pas de son portrait, que le peintre n'a pu
altérer, mais du tour de sa figure. Sa draperie fait
aussi un mauvais effet. La nature (*sic*) caresse amoureu-
sement son fils. A l'égard de la lumière, elle est bien
entendue; on est pourtant surpris que le foudre qui
est au centre du tableau n'y occasionne point de
reflets et qu'en général cet ouvrage ne soit pas plus
chaud.

— *La Réconciliation* . . . . . Le sujet est aussi bien
retourné que la forme du tableau peut le permettre.
La Reine ressent la joie qu'elle a de sa réunion avec
son fils. Ce dernier ne manque pas non plus d'expression. On diroit cependant qu'il va glisser, et il a un
genoux qui ne paroît au-dessus des aisles du Tems
que pour y faire un mauvais effet. La figure de ce
Dieu est bien caractérisée, mais son racourci en
rompt l'action. Je crois cette réflection si judicieuse
qu'il n'y a personne qui ne prenne une de ses jambes
pour l'autre, ce qui prouve qu'il falloit qu'il étendît
la gauche et ployât la droite. D'ailleurs, on souffre en
lui voyant enlever la Vérité, puisque les quatre doigts
de sa main entrent totalement dans ses chairs. Cette
Vertu en particulier est bien composée, mais elle est
roide et pèche par l'expression.

— Le *Portrait de Marie de Médicis*[1] est placé sur
la cheminée. . . . . . Ce tableau n'a rien de piquant.
La figure n'en est pas bien posée; ses jambes sont un
peu courtes et la draperie n'est pas d'un bon effet.
Les carnations des deux Amours qui tiennent la couronne se confondent trop avec celles de la Reine.

— Le vingt-trois et vingt-quatrième tableau, posés
au[x] deux costé[s] de la cheminée, représentent *le
Grand-Duc François de Médicis* et *la Grande-Du-*

---

1. Louvre, n° 2108.

chesse Jeanne d'Autriche[1], père et mère de la Reine.
Ces deux portraits vallent mieux que le précédent.

Réflexions générales
sur les ouvrages de Rubens.

Les deffauts qui résultent de l'analise que je viens
de faire des tableaux de cette gallerie ne m'empêchent
pas de regarder *Rubens* comme un des plus grands
peintres que nous ayons eu[s].

Tout fait voir dans cette suitte l'étendue de son
génie et sa grande facilité. Les compositions en sont
spirituelles et élevées. Les sujets les plus ingrats y
sont traités d'une manière intéressante. Ses allégories
sont belles, quelquefois même trop sçavantes. Ses
caractères sont bien frapés et si variés que de 318 figures qui composent cette gallerie, il n'y en a que
deux qui se ressemblent. Personne n'a mieux sçu
exprimer les combats que les passions oposées peuvent
faire dans le cœur. Quelle prodigieuse variété dans
ses attitudes et ses airs de têtes! Ses draperies sont
parfaitement jettées, accusant le nu sans affectation.
Les modes du temps sont exactement rendues et les
règles du costume rarement enfreintes.

Pour son coloris, ceux qui le critiquent lui
reprochent seulement d'avoir en général monté ses
couleurs locales plus hautes que les naturelles; à
cette exagération près, ils conviennent que qui que ce
soit n'a pénétré plus avant dans l'artifice du clair
obscur. Sa touche est ferme et moileuse.

A l'égard de son dessein, il tient tellement de la
nature de son païs qu'il faut être connoisseur pour
sentir qu'il n'en est pas moins correct : l'exactitude
dans les ensembles, la vérité dans les contours le

1. Louvre, n°ˢ 2106 et 2107.

prouvent sufisament. On ne peut pas même lui refu-
ser d'avoir étudié l'*Antique*. Mais, pour éviter de
tomber trop dans le froid et de rentrer souvent dans
les mêmes tours en l'imitant servilement, il aimoit
mieux l'assujettir à sa manière que de se faire à ce
goût. Le douzième tableau en fournit plusieurs
exemples.

Rubens étoit né avec un génie universel; il l'em-
ploïoit non seulement aux Arts, mais aux Sciences,
à l'étude des Langues et à la Politique. . . . .
Cette petite digression, jettée à la fin de cette ouvrage,
ne paroîtra pas déplacée lorsque l'on fera attention
qu'elle donne une juste idée de l'étendue des talens
de celui des peintres qui a fait le plus d'honneur à
son Art.

Nogent-le-Rotrou, imprimerie DAUPELEY-GOUVERNEUR.

www.ingramcontent.com/pod-product-compliance
Lightning Source LLC
LaVergne TN
LVHW021152200726
843510LV00001B/309